10歳までの子どもを持つお母さんの本

勉強に自己肯定感は必要ない

生きる力もね

成績がぐんぐんあがる

お母さんのための子どもとのかかわり方アドバイス

ぱんだちゃんのおうち学校校長
本多ゆきえ

西日本出版社

もくじ

はじめに …… 4
1 読書感想文は全ての基本です …… 20
2 お母さんのための子どもとの関わり方アドバイス …… 40
3 発達グレー、その診断を可能性に …… 49
4 最高の家庭教師は、お母さん …… 56
5 「子どもに何も要求しない」のは、無関心と同じ …… 73
6 勉強に自己肯定感は必要ない …… 93
7 親子で話し合うことの大切さ …… 101
8 成長段階で違う、伝え方のポイント …… 108
9 「なぜ勉強しなきゃいけないの?」と聞かれたら …… 125
10 子どもの趣味に興味を持って …… 138

11 男子にとって小中学校の友達は、一生の友になる 142
12 思うように進まない家庭学習 145
13 落ち着きがない我が子、ちょっと気がかり 152
14 塾を選ぶ前に、考えて! 158
15 子どもの理解はあとからついてくる 163
16 算数から知る、多様性を認める第一歩 169
17 塾と学校のバランスのこと 172
18 習い事の選び方・付き合い方 177
19 勉強に「ていねい」に向き合う 182
20 何もしてこなかった。今からやっても無駄ですか? 189
21 子育てに正解は必ずある 197
あとがき 208

はじめに

私が住んでいるのは、北海道の空の玄関口、新千歳空港近くにある安平町(あびらちょう)という町です。平成の大合併で二つの町が一つになりました。総人口はおよそ7800人。小さな町に小中学校は二つずつ。1学年1クラス、25人いたら、「相当多いね」と言われ、義務教育の9年間はクラス替えなし、持ち上がりです。

私は学生時代を含めて家庭教師歴28年ですが、この小さな町で生徒を指導し始めてちょうど20年になります。

大学生時代のアルバイトが家庭教師の始まりでした。私の教え方一つで、生徒の試験の点数が何十点も変わってくるのが面白くて、卒業後はプロに転向。誰もがわかりやすい方法を模索し続ける28年間でした。

家庭教師に特別な資格は必要ありません。

私が思うプロフェッショナルとアマチュア家庭教師の違いは、その「誰もがわかりやすい方法」の種類をいくつ持っているかだと思います。

最初は子どものテストの点数を上げることだけを考えていました。

家庭で指導する時間には親御さんへの報告の時間も含まれています。その中で「どうしてうちの子はここができないのでしょう」という質問が多く出ます。この対応に時間を使うと生徒への指導時間が減ってしまいます。だから、「もったいない」と思って、その時間を省いていました。

そんなある日、子どもの勉強の進み具合に熱心なお母さんに、「毎日の宿題が終わったら、チェックだけしてもらえますか?」と伝えました。

毎日、生徒の出来具合をみてもらったのです。

すると、その子の成績がメキメキと上がっていったのです。

この時に、生徒に指導するだけではなく、今の状況をしっかりとお母さんに説明して、お母さんに協力してもらいながら三人四脚で走ることが大切なのだと気

付きました。このことがきっかけで、少しずつ親子の話し合いの時間を増やし、お互いに協力しながら勉強を進めていくという独自の家庭教師のスタイルになっていきました。

中学生専門の家庭教師でしたが、高校生になってからも続けたいという子が多く、自然に高校生の家庭教師もするようになりました。

時を経て2018年、こうした経験をもとに、起業家である私の双子の妹のあとおしを受けて、私のメソッドを、WEB上の学習支援サービス「ぱんだちゃんのおうち学校」として展開することになったのです。

我が子を育てる過程で、「これって3歳の子でもできるのでは」と都道府県名を教えたり、中学生用の理科事典を絵本代わりに見せ始めたりした経験を生かして、未就学児や小学生向けの勉強のコンテンツも作りました。

ここでさらに、今までよりたくさんの親子に出会うことになります。

子どもたちに勉強を教えていると、お母さんから「子どもに勉強を教えているとイライラしてしまう」「他の子と比べて我が子は理解が遅いのではないか？」という悩みを多く相談されるようになったのです。

問題の解き方だけではなくて、

・小学校で習ったこの勉強が、この後いつ出てくるのか？
・ここでやらなかったら、いつ弊害が出るのか？
・国社数理英5教科の勉強バランスはどうしたら良いのか？
・学校の先生との付き合い方はどうすべきか？

という問いに答えていくことも増えていきます。

教え子の家庭の中に入り、親子間や兄弟・姉妹間の調整をとりもってきた28年間のスキルが役立ち始めたのです。

高校では、北海道の公立の最高峰である札幌南高等学校をはじめ、札幌北、西、東、苫小牧東高等学校、北広島高等学校など、各地方のトップクラスの高校に合格しています。

大学では、東京大学、一橋大学、慶応大学、北海道大学など、有名国立私立大学に多数合格実績があります。

現在では、指導の範囲がぐっと広がり、小学校受験、中学校受験も加わりました。

小学校受験では、慶應義塾幼稚舎、慶應義塾横浜初等部、中学校受験では、武蔵高等学校中学校、神戸女学院中学部、清風南海中学スーパー特進コース、洛南高等学校附属中学校、洛星中学校・高等学校、甲南中学校フロントランナーコース、親和中学校Sコース、関西学院中学部、北嶺中学校・高等学校、市立札幌開成中等教育学校など、たくさんの生徒を輩出しています。

北海道だけではなく、関東・関西にも生徒がたくさん増えて、全国を飛び回る毎日です。

「ぱんだちゃんのおうち学校」を始めたころは「こんな田舎のメソッドは、都会では通用しないだろう」と言われていました。でも、公立の学校に進学する親子も、有名小学校を受験する、いわゆる「お受験」組の親子も、全国最難関の中学受験をする親子もみんな抱えているのは、同じ悩み。子どもたちも、学力の差こそあれ、同じなのですよね。親が恐れるのは、無理やり勉強させて、本当に幸せになれるのだろうかということです。

そんな思いを抱えながら、私の指導を受けると、親子ともに自信をつけていきます。それはどの年齢のお子さんでも同じです。

「この道でいいのです」と私が後押しすることで、悩みは解消し、親子関係も改善していきます。不思議なことにそれだけで、偏差値はぐんぐん伸びていくのです。

偏差値25から65にアップし、最難関の中学に合格した子もいるし、塾や学校から「合格は絶対に無理です」と言われた生徒を合格に導いたことも数えきれないほどあります。

こんなことを書くと、優秀な子どもに受験のコツを教えて輝かしい成果を上げている、と思われてしまいそうです。でも私は、そういう生徒だけではなく、学校で習っているはずの簡単な問題も解けない、でもお母さんは仕事で忙しく勉強を見る暇がない。毎日の家庭学習に悩み、どうしたらいいのか途方に暮れている親子もたくさん教えています。

「これは学力の高い子どものママが読む本だから私には関係ない」と思わずに、ぜひたくさんのお母さんに読んでもらいたいと思います。

学校の勉強についていけない子ども。
発達障害と診断された子ども。
難関校を受験しようとする子ども。

どんな子どもでもどんな親子でも必ずぶつかる壁があります。そして、その壁を乗り越える方法が必ずあります。

あなたの悩みは、あなただけのものじゃない

「ぱんだちゃんのおうち学校」には、3歳から高校3年生までという幅広い学年、性別の子がいます。基本的な能力ももちろんバラバラです。

トップクラスの中学・高校・大学を目指すお子さんもいます。

その一方で、小学校のテストが50点以下で、日々の学校生活に困っているお子さんや、それに悩む親子もたくさんいます。

親子一組一組、違う悩みがあります。順調に進んでいるところもあれば、ギリギリのところにいる親子もいます。

ただ言えるのは、あなたの子どもを、あなた以上に思う人はいないということです。

どんな子でもお母さんが手をかければ成績は伸びます。
そうだとわかっていても、毎日家庭学習でバトル。
お母さん自身の仕事も夜遅くまであり、家事もしなければならない。
勉強を見てあげたくても、なかなか見てあげることができない。
やっとねん出した時間なのに子どもは言うことを聞かない。
点数が悪いと夫や実母、義母に責められる。
でも勉強をさせてバトルを見られると文句を言われる。
だからこんな状況なのにまだ手立てを打たない。

こういう親子はたくさんいるのです。しかし、どこに相談していいのかわからないのではないでしょうか。

悩みにはいくつかの種類があります。
ああ、この悩みは前にあの親子でもあったから、この方法を試してみるといいな。これは一時的なものだから、このままやっていけばあと2か月で落ち着くだろう。お母さんは「ここが問題だ」と言っているけれど、違う……、この子の問題はここだろうな。これは早く手をつけないと、取り返しがつかなくなる、など。

長年の経験からそんなふうに私にはわかるのです。

予習が必勝法

2020年から新学習指導要領に変わり、「考える学習」に重点をおく教育になりました。しかし授業数が増えたわけではないので、算数の計算問題や国語の文法問題に割く時間が減っている傾向にあります。そこへ、まさかのコロナ休校。およそ3か月間、全く勉強をしていないという子もいました。

そして、休校の遅れを取り戻そうと、ものすごいスピードで授業が進みました。この基礎学力の低下は致命的です。子どもが理解できないまま進んでいるので点数にならないのです。

小学校教育の必勝法は予習です。

学校で習っていなくても、家で教科書を開き、問題を解いてみます。そして学校の授業は復習として受ければいいのです。

わからないことを解決する方法を学ぶには…

予習型の勉強法にシフトしていくと、学ぶ過程で必ずわからない問題が出てきます。

私たち親世代は、わからないことは辞書で調べたり、先生に聞いたりして解決をしていました。しかし今は自分で解決できない子が増えています。なぜでしょう。

「わかりません！」と言うと、誰かが教えてくれます。一番は担任の先生、担任の先生が手いっぱいだったら、サポートの先生。お母さんたちも必死に、子どもに聞かれたことをスマホを駆使して調べます。塾に行っていたら塾の先生が手厚く教えてくれます。塾は丁寧に教えれば教えるほど、生徒へのサービスが充実していることになりますから当然のことです。

子どもたちは、自分で調べることをせずに「わかりません」と言います。「わかりません！」と言った子どもに、「何がわからないのか」「どこがわからないのか」聞いてみてください。ほとんどの子どもが、考えることをせずに「わかりません」と言っていることに愕然とするでしょう。

本当にそれでいいのでしょうか？

社会に出て、仕事に就いて、「誰も教えてくれない」と言って辞めていく子が本当に多い世の中になりました。私も以前はその子がわかるように問題の解き方を教えていました。しかし、それではいつまでたってもその子の真の成長につながりません。ですから、問題の解き方だけを教えることはしません。

例えば図形の問題がわからない子の場合は「まず問題の図形を書いてみて」。そこから始まります。

生徒は面食らいます。普通は手取り足取り教えてもらうのが当たり前ですから。

でも私は、「まず書いてみて」です。

「何を書くんですか?」と聞かれて、「その問題に書いてある図形を書いてみて」と答えます。

言われるがままに書いて数字も書き込んでいくと、途中で「あ!」と生徒が声を上げます。

見えてくるんです。解き方が。

そうやって、ヒントやちょっとしたやり方だけを教えて自分で解決する方法を学ばせていきます。そうすると、私がいなくても勉強が進むので自宅での勉強が容易になっていきます。

家庭教師の授業中にも、ある程度自分で考えた後に質問するようになります。

また、生徒からの全ての質問には答えず「これは教科書のここを読んでみるとやり方が書いてあるよ」「これは学校の先生に聞いておいで」と私に聞く以外の解決法をアドバイスします。

わからないことをわからないなりに、人に聞かずにまず調べてみることや、自分で解決しようとすることはとても大切です。

この本の執筆を始めたのは２０１９年の12月。

翌年、学習指導要領の改訂で一気に勉強が難しくなり、さらに新型コロナウイルスによる休校中の各家庭での学習指導の違いで、大きな格差が生まれました。

同時に、雇用状況がみるみる悪化し、最後の砦として守っていた教育費を、生きていくためには削らざるを得ない状況になってきました。

そんな状況の中、我が子の勉強に対する取り組み方に、愕然とした親御さんも多かったのではないでしょうか。様々なことがオンラインに切り替わり、家庭学習の必要性が生まれた時、学校や塾で子どもが普段どんなふうに授業を受けているのかを、家の中で初めて目にすることになります。

スマホやパソコンを見て真面目に課題に取り組んでいると思ったら、YouTube

を見ていた、漫画を見ていたという子もたくさんいます。

学校から大量の宿題が出されて、家でやってくださいと言われたけれど、これ本当に私が全部教えないといけないの？

子どもに勉強を教えていたら、1日全部つぶれました。これって必要なことですか？

うちの子が、こんなに勉強ができないと思っていなかった。

全く集中していない我が子をどうしたらよいでしょうか？

休校中にいただいたたくさんの質問の答えが、本書の中にはあります。

家庭学習に正面から向き合うお母さんのために書いたこの本は、どんな状況でもあなたの支えとなり、味方となります。

子どもはもちろん、お母さんも幸せになるために一緒にその方法を考えていきましょう。

ABC
ぱんだちゃんの
おうち学校

1 読書感想文は全ての基本です

「直し」「直し」「直し」から始まる読書感想文クラス

この原稿を書いているちょうど今、「青少年読書感想文全国コンクール」でぱんだちゃんのおうち学校の生徒さん3人が大きな賞をいただきました。読書感想文に力を入れて指導してきた私は、飛び上がって喜びました。

国語はもちろん、理科でも算数でも、読解力は全ての勉強の基本です。なので、まずはここから話を始めますね。「ぱんだちゃんのおうち学校」では読書感想文クラスというのを作っています。

文章を書くこと。思いを言葉にすること。

たくさんの親子が、読書感想文に興味を持ってくれて、書いてみようかなと思う、そこから、次のステージへの扉が開きます。

その中で、ほとんどのお母さんから、

「子どもが書いた文章を直してもいいのでしょうか？」と、質問されます。

「子どもの感性は素晴らしい」

これは間違いないと思います。

読書感想文クラスでは、毎回、指導者である私ですら「ハッ」とさせられるような感性豊かな言葉を口にするお子さんがたくさんいます。

たぶんどの子も独自の感性で、言葉にできないほど、美しくて優しくてきれいな魂でものを考えています。

でも、「子どもの感性」と「文章で伝える能力」は必ずしも一致しません。その子が感じていることを「言葉にできない」のです。

だから「子どもが書いた文章に手を入れること、子どもに本意をたずねること」は悪いことではないのです。大人が型にはめて、その素晴らしい感性を台無しに

するということもありません。

絵本を読んで無理に感想を求めてはいけないともされています。

そうすると「絵本が台無しになる」と。

でも、読書感想文コンクールの課題図書や指定図書の小学生部門には、必ず数冊の絵本が入ってきます。絵本を読んで感想を書くことが求められるのです。

「面白かった」「良かった」「悲しかった」

これは、初めて読書感想文に取り組む子どもの大多数が使う言葉です。低学年はもちろんですが、最近では高学年でも見られる傾向です。伝え方も書き方も、未熟です。

でも、それは当たり前のことだと私は思います。その子の能力が低いわけではありません。言葉は使わないと身に付きません。

よく「読書感想文が書けないのは、読書をしていないからだ」と言う人がいますが、私の経験では、読書が大好きなのに、感想文は書けないという子は大勢い

ます。ただ本を読んだだけでは言葉にはできません。インプットはできるけれど、アウトプットができないのです。


例えば戦隊モノが好きな子がいるとします。

目の前に大好きなテレビ番組のヒーローが来ました。

家では楽しみにして、「会ったら絶対に大好きって伝える！」と言っていたのに、実際に目の前にすると無表情。写真を撮る時も無表情。

どうだった？　と聞かれても「良かった」としか答えられない。


じゃあこの子は、そのヒーローに会いたかったのは「うそ」なのかというとそうじゃない。

子どもって、伝え方が未熟なのです。

今の気持ちを伝えることができない。

「思っていても」言葉にできないのです。

それは読書感想文でも同じで、本を読んで感動したとしても、それを文字に起こして、感動を伝えるという練習をしないとできないのです。

思いを形にする方法を学ぶ

読書感想文クラスでは、「思いを形にする方法」をたくさん教えます。
これは実際にあった指導の過程です。

小2男子・Nさん

飼っていた犬が死ぬという内容の本でした。
その場面について感想を書いてもらうと「犬が死んで可哀想だと思った。悲しくなった」と彼は書きます。

私は次のような言葉をかけていきます。

私　「どうして悲しいの？　あなたの犬じゃないのに」
Nさん　「うーん、なんとなく」
私　「会えなくなるからかな」
Nさん　「うん。死んじゃうと会えないから、悲しい」
私　「あなたには会えなくて悲しい人はいる？　ペットはいる？」
Nさん　「昔飼ってた魚が死んだ時に、悲しかった」
私　「どのくらい？」
Nさん　「たくさん」
私　「1か月後も、空の水槽を見て泣いた？」
Nさん　「いいえ、そこまでは」
私　「でもこの主人公は、1か月後も2か月後も忘れられなくて泣いているよ」
Nさん　「僕はそんなに悲しくなかった」
私　「じゃあ、もう会えなくて、1か月後も2か月後も会いたい！　と思うのは誰？」

Nさん　「お母さんかな」
私　「じゃあ、もし、お母さんが死んだら、どうなると思う？」

そんなふうに、その子の大切なものを探していくのです。

書き方を指導するのではなく、「この主人公がどうしてこんなに泣いているのか？」「あなたにとってそれは、誰になるのか？」ということを掘り下げていきます。

Nさんは1週間後、まるで思い出したかのように「こんなふうに思った」と泣きながらお母さんに話したそうです。自分が「死」というものに対してどう思っているのかを語ってくれたのです。

1週間前の問いかけ以外は感想文のことは話していなかったのに、急に1週間後に堰を切ったように話し始めたことにNさんのお母さんは驚いていらっしゃいました。子どもは語らずとも、毎日そのことが心にあり、ある時一気に言葉として溢れ出すのです。

子どもは一つ一つ言葉を綴る過程を通じて、たくさんの表現力を身に付けていきます。そしてそれは決して「大人の押し付けた文章」ではありません。このことをたくさんのお母さんに知ってもらいたいと私は思っています。

あなたの倫理観や思想を伝えずして、子育ては完結しない

読書感想文で扱う本の中には、どうやって理解させたらいいのか、すぐに答えの出ないテーマがいくつもあります。

低学年で取り扱うテーマ、例えば友情・命・家族の絆・動物愛護などはまだ説明しやすいものが多いです。でも中には、認知症で全てを忘れていく祖母の介護の話。そして、それを疎ましく思う自分の気持ちといった、複雑な感情も出てきます。

中学年では、移民問題・戦争・孤独・いじめ・環境問題・戦争などが加わってきます。生々しい戦争の実話を見せるのは非常に心が痛んだり、自分が知らない

ものを語ることへの不安を抱いたりするお母さんも少なくありません。

高学年になると人権問題・トランスジェンダー・社会福祉など、大人でも意見をまとめるのが難しいようなテーマが待ち構えています。

「自分自身、文章を書くのが苦手だから」と尻込みするお母さんもいますが、私は「ママ自身が思っていることを子どもに伝えてほしい」と一貫してお伝えしてきました。

あなたの考える倫理観、それが世間と一緒であろうとなかろうと、一見正解に思えるものだろうと、ちょっと外れているものだろうと、子どもの思考を形作る材料を母親が伝えなければ、子どもは知りようがないのです。

普通に生活していたら、なかなか話題にすることのないテーマもたくさんあります。もしかしたら、あなたは、介護の問題に全く触れずに一生を終えるかもしれない。

でも、我が子は？

もし、自分の介護をお願いすることになったら？

もし、自分が認知症になって、我が子のことを忘れてしまったら？

それを見て、あなたの孫があなたのことを疎ましく思ったら？

あなたの子どもはどうやって、自分の子どもに介護や認知症のことを伝えることができますか？


そう思うと、私は、我が子に自分の思いを伝えておかなければと思うのです。

そこに正解も不正解もない。あるとしたら、その親子だけが持つ独自の幸せの形。これを探る、そして形作っていくのが、読書感想文なのだと思います。

反発することも大切

もし、あなたが意見を言って子どもが反発したとします。それは、とても素晴らしいことなのです。

「あなたはあなた。私は私。でも親子だから、思いを伝えあって、それが違うと

思ったらママに説明してほしいな」

こんなスタンスです。

ケンカではなく、意見の交換。

高学年や中学生になってくると、読書感想文の中での我が子の成長に驚くお母さんも多くいます。

自分の手の届く範囲にいた小さかった我が子が、社会に出て自分のスタンスを持って、一人前の大人のように主張しています。お母さん自身が見たことのない姿です。

お母さんの手から少しずつ飛び立つ準備をしているのを見る瞬間です。

なんとも頼もしくて、そして寂しいものです。

だから、読書感想文クラスで、どれだけお母さんの意見を押し付けようと、子どもはちゃんとそれを咀嚼しながら、お母さんの意見や言葉を受け入れたり、違うと感じたりしながら、大人になります。

押し付けたとしても、10歳から自分の意見を言えるようになる

私は自分が小学生の時から「素晴らしい表現に出会ったら必ずメモをする」ことを習慣にしています。

読書感想文のコンクールで私もいくつか受賞しましたが、最初に書いた時はひどいものでした。どうやって書いたらいいのかわからない。その時、当時担任の先生が見せてくれた過去の受賞作品に衝撃を受けました。

読みながら、「そうそう！　私も同じことを思ったの！」とわくわくしたことを今でも鮮明に覚えています。

「うまいな。こうやって伝えるのか」と、1冊の本からつながって、もう1冊読んでいるような気持ちになりました。

自分は、「悲しかった」と書いていたけれど、「主人公と同じくらい悲しかった」と書いたら、ものすごくわかりやすい。

ただあらすじを書くんじゃなくて、「主人公の○○が2歳の時からずっと一緒に生きてきた○○。ペットではなく、兄弟みたいな存在の○○。その○○が、物語の最後に亡くなってしまいました。主人公はどれほど悲しかったでしょう。私には同じくらい、失って悲しい人はいるでしょうか。私は主人公と同じくらい悲しいことがあるかな」と考えてみました。

「こうやって書くと、あらすじと自分の気持ちが一緒に書けるんだな。すごいな」と、まさに目からうろこの体験でした。

そういった優れた文章に触れるうちに、少しずつ私自身も「書ける」ようになっていきました。

どこか借り物のように思っていた言葉たちが、自分の言葉となって語り始めたのです。

この表現も、素敵でしょう（笑）。これもたぶん、過去の私が拾い集めた言葉の中にあるんでしょう。素敵な表現ですよね。

だからこそ、最初は押し付けでもいいと私は思います。

私は幸運にも担任の先生が、他人の真似事を「良し」としてくれたので、今があると思っています。

上手に表現している文章を真似することを妨げないでほしいです。こういった「表現する」練習をしていくと10歳以上で、ようやく自分の言葉になっていきます。それまでは、押し付けに見えてもＯＫなのです。

「うれしかった」「楽しかった」「面白かった」以外の言葉を考える

では、どんなことをしていけばよいのでしょう。

読書感想文クラスでは、最初は子どもとお母さんだけで書いてもらいます。初めて取り組む親子は、相当、大変な思いをすることもあります。

そして、ありきたりの文章になります。

例えば、こんな文章。

「この本を読んで、私は面白いと思いました」

この文から、「面白い」という表現をどんどん変えていきます。

「他にどんな表現がある？」

「どんな言い方がある？」

「面白いって、げらげら笑うような面白さと、クスッと笑うような面白さと、すごく興味を持った面白さと、たくさん種類があるよね。どんな面白い？」

「じゃあもっと言い換えて。『げらげら笑うような面白さ』だったとしたら？」

「面白かった」という表現も、「お腹を抱えて笑ってしまいました」「読んでいて笑い過ぎて涙が出てきました」「抱腹絶倒とはまさにこのこと。面白過ぎてむせました」

「抱腹絶倒」なんていう言葉は、そうそう低学年では出ませんよね。でも、読書感想文クラスで使っていると、日常的に出てくるようになってきます。

「ママ、これってまさに、抱腹絶倒だね」とか
「これこそ、群雄割拠だね」とか。

使い方が合っている時もあるし、間違っている時もある。

でも言葉で表現する方法を一つ一つ覚えることは、子どもにとって、非常に知的好奇心をかき立てられることなのです。

知らなかった感情を言葉から学ぶ

小2の娘の話になりますが、5歳の時に読んだ1冊の本があります。捨てられていた子猫のもらい先を探す女の子のお話です。読んだ当時は、命のことがどうとか、生きるということがどういうことか、わからないようでした。

でもいつもその本は身近にあり、とても好きな本でした。

小1、6歳になり、急に自ら感想文を書き始めました。


命の大切さ。

なぜ一生懸命がんばるのに笑われるのだろう。

名前を付けることの意味。

自分の幸せではなく、誰かの幸せのために生きることが自分にはできるのか？

こういうことが切々と、まだ幼い言葉ながら書かれていました。言葉一つ一つにパワーがありました。素晴らしいなと思いました。

「夏休みの宿題として、この本の感想文を出す？」と聞くと、「お母さんが選んだ本でいいよ。これは、ゆみちゃんの宝物だから」と笑った顔を抱きしめて私は泣きました。

名前を付けることの意味、その子の一生を見る人にしか名前を付けられないということ。このことを5歳の時に、私から聞いてなんとなくわかったそうです。「責任を果たす」という言葉が漢字検定の勉強で出てきた時、「あの本の主人公の女の子って、責任を果たそうとしたんだな」とつながったそうです。

言葉から自分が知らなかった感情を学んだのですね。

このようなことを書くと、「先生のお子さんは素晴らしいですね」と言われるのですが、娘はテレビの中の地球を救うアイドル戦士に心を奪われ、お菓子作りが好きだからケーキ屋さんなる！　という、ごく普通の小学生です。

これまでも私が主宰する読書感想文クラスで、数々の子どもたちの奇跡のような表現方法に出合ってきました。例えば、「亡くなった人はどうなると思う？」という問いに、低学年の子どもは「お星さまになる」と答えますが、10歳くらいから、少しずつ「亡くなっても、心の中にいる」ということを言い始めます。

読書感想文は、言葉から感情を学ぶための大切な作業なのです。

お母さんと意見交換ができると、他人のことを意識できる子に育つ

私がいちばん気を付けていることは、私が娘の言葉を聞くのと同じくらい、私の言葉も娘に聞いてもらうということです。

それは要求も同じ。

「これがほしい！　これを買ってほしい！」子どもって駄々をこねますよね。

私も同じように、「〇〇をしてほしい！　勉強をやってほしい！」と駄々をこね

ています（笑）。

ですから、読書感想文の時も、同じように「本を読んだら、どんなことを思ったのか教えてほしい！」と言っています。きっともうすぐ「そんなことママには教えたくない」という年齢が来るのだと思います。

でもその時まで、とにかく「あなたのことが好きだから、あなたがどんなことを思っているのか知りたい」と言い続けるつもりです。

大切なのは、「お母さん自身の言葉で語ること」。

それでこそ、子どもは「お母さんからの言葉を学び」そして、「自分の言葉で語り始める」のです。

「私はこう思うのだけれど、あなたはどう思う？」ということを、我が子に語り続け、意見交換を意識して続けると、どうなると思いますか？

自分の好きなことだけ言っている子は、他人の話を聞きません。

でも、「お母さんがどう思っているのか」を意識しながら、自分の意見を言う練習をしていると、しっかりと誰かの意見を聞いて自分と同じところ、違いを意識していく子になります。

今の子どもたちがいちばん苦手とするのが「能動的に行動する」ということです。非常に受け身で、積極的に自ら行動することが苦手な子が多い印象です。でも、自分勝手に進めることは、今の時代にはそぐわないと感じています。

昔はカリスマだったり、ワンマン経営者だったりする能力が良しとされていましたが、今は「いろんな意見をうまくまとめる」人が時代を生き抜きます。

そういう人に共通するのは、「うまくまとめている」だけではありません。まとめる上で、しっかりと自分の意見を入れているんですよね。個性の強い意見も上手く交わしたり取り入れたりしながら、自分の意見も織りまぜて、ちょうどいい折衷案を出すことができます。

必要なのは高いコミュニケーション能力です。これこそが今の子どもたちに必要なスキルだと私は思います。そして、高いコミュニケーション能力を得るために最も必要なのは、「お母さんとの関わり」なのです。

単なる関わりではない。意見を交わし、時に闘わせることも非常に重要です。ぶつかってこそ育つ能力なのです。

文章を書くこと。

思いを言葉にすること。

たくさんの親子が、読書感想文に興味を持ってくれて、書いてみようかなと思ってくれると、うれしいです。

2 お母さんのための子どもとの関わり方アドバイス

泣き叫ぶ我が子を前に、プロに預けたくなる心理

「読書感想文の話はわかったけど、うちの子、その前に全く言うことを聞いてくれない」

わかります、ここでは、その話から始めましょう。

「ギャーっと泣いてもう手に負えません。何をするにも反抗します。もうお手上げです」

そんな悩みを、2～3歳児のお母さんから多くいただきます。この時期は、

「子どもが何を考えているのか、さっぱりわからない」

「こちらの言っていることを全くわかってくれない」

「何度言っても同じことを繰り返す」

「泣き叫ぶ」

「私が好きなことが何もできない。もう限界」

そう言うお母さんが本当に多いです。

こんな時「どうしたらいいかわからない、育児のプロに任せてしまいたい」と

つい思ってしまいます。あわてて幼児教室に入れるお母さんもいます。

小学生になってからは、これが勉強面で出てきます。

「勉強しなさいと言っても全く聞きません。何をするにも反抗します。もうお手上げです」

「もうプロに任せよう。塾に入れよう」

こんな心境に陥ります。

そして、塾に通わせる。「これで成績が伸びるはず」と、いっときだけ安心します。

もちろん塾に行っている時間は勉強をするので、週に2回程度2時間ずつ勉強時間は増えます。だからその分は勉強をするようには、なります。

でも、宿題をしない。字が雑で答え合わせもしない。答えを渡すと丸写ししてしまう。

正しい勉強法は「自分で答え合わせをして、間違ったところを理解する」ですが、先生が丸付けをして、やり直しをせずに次に進んでいるのを大変多く目にしてきました。

多くの塾にとって、いちばん大事なことは「その子が塾をやめないこと」だからなのでしょうか。子どもは丸付けとやり直しが嫌いですから、無理にはさせません。生徒が「もうあそこには行きたくない」とやめてしまうことをさけるためなのかもしれません。

子どもをしっかり見るのは「お母さん」しかいないのです。

泣いている時の子どもは、「聞く耳」をシャットダウンする

子どもは大人の都合などおかまいなしに泣き出すことがあります。私も自分の子育てでは苦労しました。

今でも忘れられない出来事は、真冬のショッピングモールのトイレで起こりました。理由はちょっと前にもらったおもちゃを、トイレに行くために私がカバンに入れたこと。ただ、それだけです。それだけで「ギャー！」です（泣）。

冬場の北海道って、みんな雪を引き込んできますので、トイレの床は「滑らな

いように気を付けてください」と看板が出るくらい、べちゃべちゃです。

そこに「ギャー」＋「ごろん」!!

もちろん、私も「ギャー――!!」って叫びました(笑)。

到着後わずか10分で退散。それにもひと苦労です。ジャンプスーツを着ているため、抱っこしてもツルツル滑ります。

「ギャー」、滑る。抱っこして「ギャー」、滑る。抱っこして……。

とっても思い出深い「ギャー」となりました。

もちろん用事も買い物も、なにもできませんでした。

吹雪の中、命がけで買い物に行ったのに。

でも、家に着くころには、そんなことはすっかり忘れてキャッキャと楽しそうに遊んでいます。


さて、この場合どこが悪いのでしょう。あなたならどうしますか？

まず一つ目。ギャーっと泣いたら子どもは「聞く耳」をシャットダウンしてしまいます。こんな時はどんな言葉をかけても、どうにもなりません。

ひと昔前の親たち、今の60代以上の方は、そこで子どもにおやつを与えて黙らせようとすることが多いように思います。実際に生徒のお母さんからも、「モノで釣るような方法で泣き止ませてもいいのか」という相談を受けることが多いです。

このやり方は一つの方法としては有効です。子どもを落ち着かせ、気をそらすためには良いのです。

ただし一つの方法として良いというだけで、常に「モノを与えた方がいい」わけではありません。重要なのは他のことに目を向けさせたり、場所を変えたりして、いったんその状況から本人の意識をそらせることです。

とにかくギャーっと泣いてしまったら、そこで一度諦めなければなりません。まずは落ち着かせて次の手を考えます。落ち着いたあとにしっかりと目を見てお母さんの言いたいことを伝えます。夕食の場や帰りの電車の中、お風呂の中などリラックスする空間で行うことができれば、なお良いですね。

また、子どもは夕方疲れてくれば疲れてくるほど癇癪を起こしやすいので、お昼寝をしたあとや翌日の朝など、疲れがとれたあとも効果的です。

大人の私たちも、眠くて疲れている時はいつもなら許せることがイライラして許せなくなる……それと同じことです。

そして、落ち着いたあとに、今回のギャーっと泣いたことを思い出させます。ここで驚くのが、ギャーっと泣いたことさえ覚えていない子が多いということです。

「あんなに泣いてひどかったのに！」と、親はガックリきます。

ここでガックリすることなかれ。子どもにとってはそれくらいの重みでしかないのです。

その時に、「なんで覚えてないの？」と腹立たしく思うのではなく、「なーんだ、そんなもんか」と笑ってしまうことが大事です。

でも、そうやって泣いたことで、その後にお母さんが楽しみにしていたいろん

なことができなくなったことを、しっかりと話してください。

「え？ ママの楽しみにしていたことができなくなったっていう理由でいいのですか？」

いいのです。お母さんはどんどん子どもに自分の要求を伝えていきましょう。まだ小さな子どもにとって、見える世界が全て。見える世界というのは、わかりやすくいうとお母さんとお父さん。それが見える「範囲」なのです。だから、そのお母さんが「やりたいことができなかった」という理由だけでいいのです。

これが、小4、だいたい10歳を過ぎるころになると、社会の一員としての自分の立ち位置を確立していきます。

家族だけだった自分の世界に、学校、友達、スポーツの仲間、先輩（まだ後輩が入ってこない）。そして中学生へと成長するにつれて、だんだんとアイドルも含めて恋愛対象としての異性や後輩が入ってきます。

こうして社会性が少しずつ身に付いていきます。だから、10歳までは、「ママのために」「ママが喜ぶから」「それはママが嫌だから」だけで十分なのです。

放任と放置は違う

プロに預けると、心配ごとが減ってお母さんはホッとします。でも、その悩みに触れる時間が大きく減っても、根本的な解決になっていないことの方が多いのです。そして、悩みに触れる時間が減ると、そのまま無関心になってしまうお母さんもいます。

それでは「放置」になってしまいます。

プロに任せっきりになって、ほったらかしにするのが「放置」。プロの手を借りながら、しっかりと自分の言葉をかけ続けるのが「放任」。

その違いを考えながら子育てをしていきましょう。

3 発達グレー、その診断を可能性に

「解けない」には理由がある

「ぱんだちゃんのおうち学校」に相談に来る親子の「この問題が解けない」という悩みの裏には実にたくさんの理由があります。対処法は一人ひとり違うことをお話しすると、「そんなことは誰も教えてくれなかった」「目からうろこです」とビックリされることが多いです。

例えば、ある問題が解けない時、「集中できない」がその理由の一つである場合、その要因はいくつか考えられます。

- 夕方で疲れていてやる気がなかった。
- お腹が空いていて集中できなかった。
- 見たいテレビ番組の時間が迫っていて、そっちが気になって焦っていた。

「夕方で疲れていてやる気がなかった」のであれば、午前中に同じ難易度の問題を出して解けるかどうかを見て、「お腹が空いていて集中できなかった」のであれば、おやつを食べてからもう一度解けるかどうかを見ます（でもお腹いっぱいになると眠くなるので注意が必要です）。

見たいテレビ番組の時間が迫っていて焦っていたのであれば、これも違う時間帯に解けるかどうかを確認する必要がありますね。

このように、時間と状況を変えて何度かテストをすると結果が変わることがあります。最近の傾向として一つのテストがダメだと、それだけでも「うちの子は勉強ができないんだ」「うちの子は発達障害なんだ」とショックを受けてしまう

お母さんが増えています。

でも、例え発達グレーであったとしても、勉強のやり方次第で大きく伸びます。逆に言うと「どうせ、この子にはできない」と本来やるべき勉強をやらせなかったお子さんが、あとあと深刻な状況になります。

学びの機会を失った子どもの一生は、取り返しがつきません。

勉強は、一握りの「センスが良くて出来の良い子」でない限りとんとん拍子には進みません。諦めないでコツコツやれば、必ず伸びていくのです。

「発達障害」「特別支援学級」の子は増えている？

発達障害とは、生まれつき脳の発達に障害があることの総称です。人によって症状はさまざまですが、仕事や家事、学業を「うまく」こなすことが困難だと言われています。ですから、両親、家族、学校の先生、友達など周りの人たちの適切な支援やサポートが何より大切になります。

発達障害の代表的な分類にはＡＳＤ（自閉スペクトラム症）、ＡＤＨＤ（注意欠如／多動症）、ＬＤ（学習障害／限局性学習症）、ＤＣＤ（発達性協調運動障害）などがあります。その診断がついても症状や障害の程度は十人十色、一人ひとり違います。

また、実際に医師の診断を受けて、私のところに相談に来る親子は少数で、そのほとんどが医師の診断を伴わない発達障害と疑わしい子＝発達グレーと言われている子です。

発達障害を取り巻く法律ができ、公的支援機関が整備されたこともあり、親世代の私たちが経験した小学生時代とは、大きく学習環境が変わりました。

今は3歳児検診で保健師さんから、「少し○○に遅れが見られるようです」とか、「落ち着きがないようですが、気になりますか？」と言われて「はい」と答えると、多動を疑われて療育施設等をすすめられることが多いのです。

お母さんたちからの相談の多くは、「本当にうちの子は、発達障害なんでしょうか？」という不安です。

「センスが良くて、出来が良い子」はよく目立ちます。そういった子と落ち着きがない、やんちゃな我が子を比べると「劣っている」ように見えます。でも結果的に大多数は、発達障害でないことが多いのです。

でも、「この子はグレーだから他の子よりもできないんだ」と親が思い悩んでしまって一人で抱え込んでしまいがちです。こんな時は、思い切って相談できる場所に足を運んでほしいと思います。

特別支援学級から通常級へ

通常、小1の時に特別支援学級（以下支援級）だったお子さんは、そのまま支援級で過ごすことが多いですが、お母さんが諦めなかったお子さんの伸び代は、驚くほどです。実際に、最初は支援級でも途中の学年で通常級に行くお子さんが、「ぱんだちゃんのおうち学校」には何人もいます。


一例を紹介しましょう。

就学前の年長さんの時に発達検査の一つであるＷＩＳＣ－Ⅳ（ウィスク検査）でＩＱ74～84になり全般的知的発達水準が「低い」「平均の下」とされていた子が、

小2ではIQ102~107で「平均」「平均の上」になったケースがあります。

彼のお母さんは、わらにもすがる思いで私に相談しに来られました。

「うちの子はなんでも遅いです。字を読む時も一文字一文字指を指しながら読んでいきます。周りの子はスラスラと読めるのに。計算も遅いです。数は数えられますが……こんなので小学校に入ってやっていけるでしょうか？」と。

就学時の学校との話し合いで、小1では支援級を選択しました。

その後、ずっと「ぱんだちゃんのおうち学校」で地道にコツコツと計算や漢字の練習をしていきました。時には学校の勉強より難しいものも解いていました。

お母さんの並々ならぬ努力と彼自身のがんばりで、小2では交流級（通常級と支援級を行ったり来たりするクラス）になり、小2の終わりのウィスク検査で「平均」「平均の上」の成績になりました。

本人の「通常級で大丈夫だよ！」という力強い宣言とともに、通常級になったのです。

お母さんからは、こんなメッセージをいただきました。

「グレーゾーンを脱却して2年前より格段に成績が上がり、市の教育委員会の方からも、『ここまで上がるのは珍しいですよ！　お母さんよくがんばりましたね。今日は祝杯をあげていいですよ』と言われ、うれしくて泣きました。自分で勉強を見ながらもここまでできるようになるなんて思えなかったんです。『ぱんだちゃんのおうち学校』のおかげです。本当にありがとうございます。今はほとんど通常級で勉強しています。小3からは最初から通常級で過ごせそうです」

このように今は「発達障害と診断されることが非常に多い世の中」だと知った上で、もし診断を受けたとしても、親子で勉強に取り組む絶好の機会だ！　と受け止めて、前向きにがんばってほしいと思います。

4 最高の家庭教師は、お母さん

プロの家庭教師ができないこと

私はプロの家庭教師です。勉強のテクニックを教えることは、もちろんお母さん方より優れています。でも、あなたのお子さんにとことん勉強を強いることはできません。それはどうしてでしょうか？

まず私は生徒を強く叱ることはできません。例えばある問題がわからないとします。「この子は考えたらわかるはずなのに」と思っても、生徒が「できない」と言った時点で、優しく「もう一度考えてみようね」と言うことしかできません。

なぜかというと、他人である私が生徒に対して「もっとできるでしょう。しっかり考えなさい」と厳しく言うと生徒は委縮し、「あの人は嫌だ」と思うからです。もちろんそんなことはお母さんもお見通しで「うちの子がもし『嫌だ』と言っても家庭教師をやめることはしません」と言ってくれます。でも生徒の身体に異変が起きてきます。私の顔を見ると、腹痛を起こし、朝起きられなくなってしまうこともあるのです。

これがお母さんだと違います。お母さんが「もっとできるでしょう。しっかり考えなさい」と厳しく言って、例え子どもが泣いたとしても、そのあとに寝食をともにします。一緒にテレビを見て笑い、ご飯を食べ、お風呂に入ります。そして抱っこして眠ります。勉強のことで叱られたとしても、そのあとに過ごす時間があるということは、とても大切なことなのです。いったんギクシャクした空気をリセットできるのが親子、母子の関係です。

週に1~2回の家庭教師では、そこまでの関係性を持つことができません。だ

からお子さんのキャパシティを少しずつ広げ、関係をその都度修復しながら、二人三脚で進めるのはお母さん、あなたしかいません。

勉強のテクニックを教える家庭教師はたくさんいても、その子の限界をどんどん広げていける家庭教師は世界でただ一人、お母さんだけなのです。

子どもの個性を重んじるとはどういうこと？

「子どもの個性を重んじましょう」という言葉が、子育ての本や指南書に並びます。この「個性」の考え方一つで、その育て方は変わってきます。

「個性を伸ばす」ということは「秩序なく好きなようにさせる」ことでは決してありません。個性というのは「どれだけ抑えても、内側からあふれ出てくる」ものです。

好きなことを好きなだけする時間を持つために、やりたくないけれどやるべきことをやりながら、その中で「もっと自分を見てほしい、自分はこういう人間だ」と子ども自身が主張する自主性が、私は大事だと思っています。

私は、小さなころから「作ること」が大好きでした。父はサラリーマンでしたが、趣味で囲碁などの碁盤を作る職人に弟子入りしています。中国から大木を買い、それを保管するために2階建ての物置を一人で建てました。そのため家にはたくさんの大工道具や木工用の材料がそろっており、私は毎日いろいろなものを製作していました。

編み物の先生だった祖母に教えてもらいながら、小1のころからセーターを棒針で編んでいました。祖母は和裁のプロでもあったので、これも教わって、小6の時には自分で浴衣を縫いました。

勉強に関して父は非常に厳しい人で、結果もかなり求められました。それでも

「作ること」が好きだったので、ひと冬に10着以上のセーターを編んで知り合いに売ったりもしていました。40歳までは、家庭教師のかたわら陶芸家としても仕事をしていました。今は経営者である双子の妹も芸術肌で、数年前までは消しゴムハンコ作家として活躍していました。

子どもというのは、自分の好きなことは自分で切り開いていくものです。

勉強はしっかりしなければいけませんでしたが、私の親は私の趣味に関する材料を買うお金を渋ったことは一度もありませんでした。裁縫の材料や毛糸、彫刻刀やノミなんかも、ほしいだけ買ってもらいました。

当時は気付いていなかったけれど、手助けしてもらっていたことを、今更ながら感じています。

子どもの夢はころころ変わる

よく「うちの子は○○になりたいと言うので、どんな習い事をさせたらいいいでしょう。どういう大学に行ったらいいでしょう」というご相談をいただきます。子どもが語る夢を、親としてはぜひとも叶えてあげたいものです。でも、少し冷静になって考えてみましょう。

子どものころの夢は、本当にころころ変わります。

まず、自分の周りで、わかりやすい職業をあげてきます。男子なら、その時ハマっているスポーツの選手や学校の先生、医者など。女子ならお菓子屋さん、ケーキ屋さん、幼稚園の先生、ペットショップの店員さんなど。今は、YouTuberと答える子も多いですね。

子どもたちにとって、目に見えているものが全てです。ですから子どもの夢は、これからどんどん変わります。

それまで見えていなかったたくさんの世界が見えて、それに伴い社会との関わりが増えていくからです。

検事が主役のテレビドラマがあればその年の法学部の入試倍率はぐんと上がり、獣医が主役のドラマがあれば、獣医学部の人気が上がるのです。流行っているアニメ番組一つでバスケットボール部、野球部、バレー部が盛り上がるのも、よくあることですね。

もちろん、一つ一つがその子の重要な要素となって成長に大きな役割を果たすことは間違いありません。けれども、その一つ一つにすぐ反応する必要はありません。静観することも大切です。

例えば、こんな相談があります。

「小1の息子が、医者になりたいって言っています。でも全然勉強しないで友達に誘われるがまま外に遊びに行っちゃうのです。夢があるのにこんなに根性がなくていいでしょうか」。

こういった相談は非常に多いです。

夢は、夢。

遊びたい気持ちは、遊びたい気持ち。

それがきちんとつながっていくのは10歳以降です。しかも徐々に遊びたい気持ちを抑えて勉強をするものなのだと理解して、行動していくようになります。大切なのは、毎日の勉強の積み重ねです。その先にどんな道があるのか。それは子ども自身が、気付いた時点で決めていけばいいのです。

大切なのは、あなたの言葉で語りかけること

10歳までは「ママのために」「ママが喜ぶから」「それはママが嫌だから」だけで十分です、と書きました。あなたが働くお母さんだったとして、今あなたが仕事をしているのは、どうしてでしょうか？　何のために働いていますか？

お金のため？

仕事が好きだから？

お金のためだったとして、そのお金はどうして必要なの？
自分が遊ぶため？
子どものため？　家族のため？

どうして今の仕事をしているのか？　と考えた時に、「子どもの将来にはお金がかかるので今からしっかりと貯めておきたくて……」というお母さんはとても多いです。

ではあなたが今日、朝ご飯と夜ご飯を用意したとします。それは、どうしてですか？

お子さんが食べるため？
家族が食べるため？

一人だったら、「ササっとお茶漬けで済ませます」という方も、お子さんのため、夫のため、家族のためにと作るのが当たり前になっていると思います。

人が行動する時、それは、「誰かのため」であることがとても多いです。

お子さんから「なぜ勉強するの？」と聞かれたら、なんと答えますか？

将来のため。
自分の夢のため。
いい点数をとるため。
これってあなたが働くお母さんだったとして、「今あなたが仕事をしているのは、なぜでしょうか？」という問いに「より良い社会を形成するため」と漠然と答えるようなものです。

私は、ストレートに「私（ママ）がうれしいから、勉強してほしい」と言って

います。

中学生の話になりますが、生徒に「どうして勉強しなきゃならないの？」と聞かれたことがあります。

「あなたの点数が悪いと、私が落ち込むんだよね。もっとしっかりと教えたらよかった、どうしてここを前日に復習させておかなかったんだろうって。だから、勉強してくれたらめちゃくちゃうれしいわ。しかも勉強するっていうことは、私に『応えている』ことになるよね。『おーい』って声をかけて、無視されるのって結構こたえるでしょ。それと同じだよ。勉強してくれたら、めちゃくちゃ私がうれしいわ。だから勉強してよ。それだけでいいよ」と答えました。

そうすると、ものすごくすっきりした顔で「どんな大人に聞いても『お前のためだ』って言われて全然ピンとこなかったけど、今のでわかった。自分のためと言われてもわかんないけれど、誰かが喜ぶなら、やる！」と言ってくれたのです。

誰かのためにがんばれる子は、いつか必ず自分のためにもがんばれる子に成長

します。その最初は、シンプルに「お母さんのため」でいいのです。

もちろん10歳以降、いろいろな場面で社会性が出てくるようになります。「友達に負けたくない」「好きな子と同じ学校に行くためにがんばる」「〇〇点以上とったらアイドルのコンサートに連れて行ってもらえる。がんばろう！」そんなふうにだんだん「お母さんのため」というのは、薄れていきます。

これこそが成長です。

だから10歳までは安心して「ママのために１００点とってきて」と言ってあげてください。

良い点数をとるより大切なこと

勉強を一生懸命がんばっていくと、「これで１００点がとれる！」と思いますよね。でもとれないことも多いのです。

ものすごくがんばったのに良い点数がとれないことはよくあります。そんな時は点数がとれないことを責めるより前に、がんばった過程をしっかり褒めることが大事です。また「ちょっとしたケアレスミス」で満点を逃した場合は、叱るのではなく一緒に悔しがってあげてください。大切なのは、間違った箇所の内容をしっかりと把握することです。

低学年のうちは、「悔しい」という感情が薄い子が非常に多いですね。「がんばった。でも100点を逃しちゃった。がんばったよね。だからすごく残念だよ」という気持ちをお母さんからしっかりと伝えましょう。

もしがんばらなかったことが原因で100点を逃した時には、その要因を分析して次に活かすように叱ります。100点とれなかったことより、準備をしなかったり、一生懸命やらなかったりしたことが「嫌だ」「ママは悲しい」ということを伝えましょう。

点数は結果です。受験という名のもとに、結果が全ての世界が待ち構えているのも現実です。勉強は、結果だけを見てはいけない。そして、結果を無視してもいけないのです。

いちばん大事なのは、「一生懸命やったかどうか」です。

大人になると、一生懸命やったからといって結果が出ないことは山ほどあります。結果が出ない苦しい時にでもコツコツ努力する人は、子どもの時に「努力してがんばったら、それを褒めてくれた」というお母さんからの大きな評価をもらった経験があるのです。

努力し続けた子には、必ず成功のチャンスがやってきます。

諦めない姿勢。これこそ、お母さんが子どもに授けられる、最高で最強の武器です。

子どもはあなたの言葉を待っている

「100点とったら、ママがうれしい！」「ママのために勉強して！」

ここまで、使ったほうがいいと私が書いてきた言葉は、子育てにおいていいわゆ

るNGワードと言われています。「結果ばかりを求めると子どもが委縮してしまう」「夢や自分のためにがんばることが重要。子どもは親の所有物ではない」などがその理由です。

でも、子どもはあなたの言葉を待っています。

「私がうれしい」

「私は、それをされたら嫌なの」

「○○ちゃんがあそこで、ギャーって泣いちゃったらみんなが困るね。でも、誰がいちばん困ると思う？　ママが困るんだよ」

こういうことを、自信を持って子どもに伝えてください。

そのうえで、「あなたはどう思う？」と聞いてください。

お母さんたちに、理想の子ども像をたずねると「自分の意見をしっかり持って発言できる子」が必ず上位に入ってきます。

でも、お母さんが自分の言葉で語らなければ、子どもたちは「自分の意見を語る大人」を見ないまま育つのです。お手本がないのに、そうなることはできないですよね。

いちばん身近な大人である母親から学ぶことが、驚くほどたくさんあることを知ってほしいと思います。

だから、あなたの気持ちをどんどん伝えてください。

余談ですが小2の娘に私は、「社運がかかってる！」という言い方をします。

「どうして勉強するの？」「社運がかかってるんだよ！」という感じですね。

「『社運がかかってる』ってなに？」と聞かれます。「ゆみちゃんが勉強をすると、他の子もがんばって勉強する。ゆみちゃんが『ぱんだちゃんのおうち学校』の勉強をがんばって、いろんな級をとったり資格をとったりしたら、『がんばったらとれる』ってみんなが思う。だから社運がかかってるんだよね」と答えます。

そんな娘にも、あと数年で「お母さんの会社のために、どうして私が勉強しなくちゃいけないの！」と言う日が来ます。必ず来ます。

成長というのはそういうものなのです。

そうなった時に、なんて話をしようか、今からとても楽しみにしています。きっと泣いてしまうだろうなと思います。そう遠くない未来にその日がくることを、家庭教師歴28年の経験が「お母さん」の私に教えてくれるのです。

5 「子どもに何も要求しない」のは、無関心と同じ

子どもたちに「コミュ障」が増えている

「コミュ障（コミュニケーション障害）」とは、人とコミュニケーションをとったり、良好な対人関係を築いたりするのが苦手な状態を意味する言葉です。今、この「コミュニケーション障害」を持つ子どもが増えていると言われています。

私のところにも、たくさんの質問や相談が寄せられます。

会話が下手で、相手の反応を考えず自分のことだけを話すような自己中心的な話し方をする「コミュ障」が増えているのです。

これには、小さいころから会話のスキルを磨いてこなかったということが非常

に大きく影響しています。端的に言えば、「お母さんとどれだけ話しをしてきたか」です。

子どものころに、お母さんとどれだけ話をしてきたか、どれだけ意見を交わしてきたかが、その子の会話のスキルにつながっていきます。

子どもは、お母さんの言葉にだけ過剰に反応することが多いものです。

例えば、他の人に言われたら「はい」と従うのに、お母さんに言われると、怒りの感情を見せるといったことです。

これは、お母さんの言葉がダイレクトにその子の根幹に響くからにほかなりません。

「ぱんだちゃんのおうち学校」でグループカウンセリングをしていると、こんなことを聞かれます。

「うちの子は保育園で保育士さんとたくさん会話をしているから、わざわざ私が話をしなくても大丈夫ですよね」

いえいえ、そうじゃないのです。

お母さんとの会話は、子どもにとって特別です。みんなお母さんに振り向いてほしくてたくさんの言葉をかけてきます。寝るまでおしゃべりをやめない子も多いのです。

疲れている時は、「ちょっと黙っていてほしい」と思うこともありますよね。

でも、子どもは「あなた」と話したいのです。誰でもいいわけじゃない。

だから、少しの時間でもいい、できれば毎日たくさん言葉をかけてあげてほしいと思います。

子どもと会話をする時のコツ

子どもとお母さんとの会話はいくつかのタイプにわかれますが、主なものは次の3タイプ。それぞれの注意点も挙げておきます。

タイプ1　子どもの話はしっかり聞きたいけれど、毎日行うのは面倒だと思ってしまう

子どもの話は目を見てしっかり聞くというのが子育ての王道です。もちろん1日のうちに、最低1回はこういう時間があった方がいいですね。でも、そんなに時間がいつもあるわけではありません。しっかり時間を作らなければ、と義務感が負担になって疲れてしまい、結局続かないことが多いものです。だから、入浴時や眠る前の時間、1日5分でいいので、お子さんと会話することを習慣にしてみましょう。

兄弟姉妹がいる場合は、いちばん口数が少ない子に積極的にお母さんから声をかけてあげるといいですよ。

タイプ2　「子どもは一人の大人。しっかりと理由も伝えなきゃ」とがんばりすぎる

お子さんと一生懸命話そうとするあまり、理由もしっかりと伝えなければと思うお母さんは非常に多いです。子どもからの「どうして雲は空に浮かんでいるの」

というような何気ない質問に時間をかけて調べて、いざ教えようと思ったら、子どもの方は質問したことすら忘れている（涙）……という経験はありませんか？がっかりしますよね。

残念ながら、子どもの興味ってそういうものです。そして、「長く聞く」というスキルも持っていません。言いたいことは30秒にまとめること。これがポイントです。

これはこのあとの、「叱り方」でも出てきます。

タイプ3　子どもの話だけを聞いて、お母さんの要望をしっかりと伝えられない

お子さんの話ばかりを聞いて、お母さんからのやってほしいことは伝えていない人がいます。子どもは大人とは全く異なった感覚で生きています。「このくらいはわかっているだろう」と大人が思っていても、子どもは全く理解していないことが本当に多いのです。

英語のリスニングはご存知の方も多いと思いますが、国語にもリスニングがあることをご存じですか？　国語のリスニング、つまり聞き取りが苦手な子が増えています。これは、子どもがお母さんの要望を聞くことができていないことと関係しているのです。

お子さんの話を聞くだけの一方通行的な会話ではなく、お母さんからもしっかり伝えましょう。相互で気持ちのやり取りをすることが会話です。これも毎日の積み重ねです。

このことを正しく認識しておかないと、人の話の要点を聞きとれないということが起きてきます。

理想の叱り方

「頭ごなしに叱らない。どうして悪いのかをしっかりと伝える。こうすることで、

考える力が身に付き、主体性のある子が育ちます」。……こういった理論を読むと、「あぁ、なるほどね」と思います。

けれども、実際にそうしている親子を見ると、「やり方が間違っているな」と感じます。

まず、お母さんの話が長い。話を聞く時の子どもの集中力は、30秒ほどしか続きません。しかも「聞いてください」と言わないと、聞いてもくれないことがあります。

「今から話をします。聞いてください、○○ちゃんは、△△で……」。これでもう30秒経ってしまいます。

年齢が上がるにつれて少しずつ集中できる時間が長くなりますが、それでも小学生がしっかりと聞ける時間は、せいぜい3分くらいです。これは400字詰め原稿用紙にすると、2枚。しかも聞き取りやすいようにゆっくりと話す必要があります。

しかし、叱っているお母さんの口調はとても早い。そして話がとにかく長い。どこまでが「指示」で、どこまでが「やってはいけない理由」なのか子どもたちにはわかりません。だから、また同じことを繰り返すことになります。

そしてそれが続くと子どもは、「この人（ママ）の話は長いから、怒り始めたらとりあえずこの時間をやり過ごすようにしよう」と最初から聞くスイッチを切ります。こうなってしまうと、もうお母さんの言葉は伝わらなくなります。年齢とともに、それは態度にも現れます。聞いているようで全く聞いておらず、退屈で暇をもてあそぶ。うつむく、服のすそをいじり始める、爪の甘皮を剥き始める（笑）……。

これではせっかくお母さんが「考えて叱って」いるのに、意味がありません。

では、どうしたら良いでしょう。

私のおすすめするぱんだ流叱り方のポイントは、

ぱんだ流叱り方ポイント1

1「悪いことは悪い」と最初にやめさせる。
2次にやるべきことをしっかりと指示を出す。

の二つです。

「2お母さんのための子どもとの関わり方アドバイス」（40ページ）のところで、子どもが外で泣いてしまった時にどうするかを書きました。その時には「ママが困るからやめてね」でいいのです。

悪いことは悪いと伝えたうえで、

「ママは○○したかったのにできなくて、すごく困った」という言い方をしましょう。

未就学児のうちは、その子の行動の動機の一つ一つがお母さんや家族に直結しています。そこをしっかりと伝えた方が、子どもにとってはわかりやすいのです。

小学生には、明確な指示を出すことが大切です。

例えばお母さんの指示出しでよく使うセリフの「きちんとやりなさい」。

これを聞いてもどういう場面なのか、想像できないですよね。ということは、明確な指示ではないのです。

「字が汚いからきちんとやりなさい」の場合は、「消しゴムでしっかりと消してから、字を丁寧に書きなさい」と伝えます。

「脱ぎっぱなしの服」を前にした「きちんとやりなさい」は、「脱ぎっぱなしの服を裏返しになってないか確かめて、洗濯物置き場に持っていきなさい」と伝えてください。「明確な指示」を出すと、子どもは何をしていいのかわかります。

「きちんとやりなさい」だけだと、子どもは何をやっていいのかわからない場合が多いのです。ぜひ試してみてください。

何のためにがんばるの？

「自分のためにがんばって、自分の人生を切り開いていってほしい」。だから勉強してほしいと願う親御さんは非常に多いです。私も同じく我が子に対してそう思っています。親というのは、そういうものでしょう。

私は「何のためにがんばるか？」に対する答えを、「誰かのためにがんばる」というシンプルなものにしています。

そして、それを子どもに伝えています。

10歳までは「お母さんのためにがんばる」ですが、10歳を過ぎたら「お母さん以外のためにがんばる」という方向に目的を持たせていきます。

では、社会とのつながりを意識し始める小4、10歳までにどんなことをしておいたらいいのでしょう。

まず、その子ががんばる時には、「ママがうれしいからがんばって」と伝えます。その挑戦が終わったら、「すごくうれしいね。ママもうれしいけれど、あなたはどう思う？」と聞きます。

そこで「お母さんが喜ぶからがんばったけれど、実は自分もうれしいでしょう？」ということをしっかりと認識できるよう、言葉にして伝えていきます。さらにお父さん、おじいちゃんおばあちゃんも巻き込んで、みんなで喜んでください。

お子さんはどうでしょう。

いろんな感情が生まれることでしょう。

「やりたくなかったけれど、やってみてよかった」

「また挑戦してみたい！」

こうだとすごくうれしいのですが、現実はそうじゃないこともたくさんあります。

「もうやりたくない」

「すごく大変だった。次？　うーん。やだなぁ」

こんなネガティブな反応もあるでしょう。

「また挑戦したい！」という言葉を期待していたお母さんにとっては、「もうやりたくない」と言われると虚しくなりますね。

でも、その発言を否定しないことが大切です。

「そうなんだ。でもママはうれしかったなぁ」

「そんなに嫌だったのにママのためにやってくれてありがとう」

そう伝えます。


するとだんだん、挑戦することが日常になってきます。

なかなか前向きにやれなかった子も、いくつかのスモールステップを超えるごとに、「がんばる」ことのやりがいや尊さを感じてきます。


そうやって少しずつ、「あなたのためにがんばってほしい」「あなたの大切なも

ののためにがんばってほしい」ということを伝えましょう。
もちろん、「それは私（母親）にとってもうれしいよ」ということも忘れずに。

今これを書きながら、現在8歳の娘があと2年でこの10歳を迎えることに思いを馳せています。少しずつ秘密が増えて、少しずつ私の手を離れていく。成長する姿を見せ始めています。

「どうしてこんな勉強をしなくてはいけないの？」という娘からの問いに私は一貫して「お母さんのためにがんばってほしい」と言い続けてきました。

従順に見える娘ですが、5歳までは本当に手がかかって大変でした。私が主催する、同年齢の子どもたちの少人数での勉強会に連れて行っても、全く勉強をしてくれなかったのです。

他の生徒たちが自分の席で勉強しているのに、娘はずっと私の膝の上から降りませんでした。生徒を指導する時、抱っこしたままの時もありました。他のお母さんたちの目もあって、私自身が辛い思いをしていました。

そのたびに、「お母さんのためにがんばって」と言い続けました。

5歳半の時にとうとう私の膝から離れて席に座り、他の生徒たちと一緒に勉強をし始めたのです。喜びというよりほっとしました。

「今日、ゆみちゃん、えらかったでしょ。お母さんうれしかった？」と自分から私に尋ねてきた娘。

うれしくて泣きながら抱きしめました。

そんな娘が今、8歳。少しずつお母さん以外の人のためにがんばるようになってきました。クラスの友達のために。担任の先生のために。おばあちゃんのために。私以外の人のためにがんばってくれることは、うれしくもあり寂しくもあります。でも、そうやって少しずつ社会とつながりながら子どもが成長していく姿を見るのは、子育てのいちばんの醍醐味だと思っています。

「叱らない育児」の落とし穴

「叱らない育児」は、そのキャッチーな響きと理念から、ずいぶんとたくさんのお母さんが取り入れている印象があります。

でも、気を付けないと本当に大変なことになると、私は思います。

まず、「叱らない育児」のお子さんは、大きな声で何かを言われたことがないのです。だから、例えばスポーツの場面で大きな声で指示をされた時に、「怒鳴られている」と感じて、パニックを起こしてしまう子がいます。プール教室に通っている子の中には、室内プールで音が呼応しているのが怖くて、通えなくなる子がいました。

ちょっと大きな声で指示を受けることや、不運にも怒鳴られたりすることがあってもショックを受けないように慣れておくことは、とても大事です。

周りの人全員が同じ志を持って社会全体で子育てをすることは理想ですけれど、我が子に関わる大人が全員同じように優しい口調で接してくれるわけではありません。

「叱られずに」育てられたがゆえに、打たれ弱い子どもになってしまうのは、とても悲しいことです。

勉強は道具、学歴は身分証明書

モノを切るために、あなたはいくつ道具を持っていますか？

紙を切るならハサミが必要ですね。厚紙なら少し大きいハサミが必要。でもその大型のハサミで薄い紙は切りづらいです。

中をくりぬく時はカッターがあると便利。

リンゴを切る時は？

高いところの枝を切る時は？

銅線など硬いものを切る時は？

「切る」という行為一つとっても、いろいろな道具が思い浮かびます。

勉強することは、こういう道具をたくさん持つことだと私は思います。私は文房具が大好きで、カッターは10種類以上持っています。カッターの刃にもこだわっていて、この作業にはこのメーカーのこの製品というのが決まっています（笑）。強度やしなり具合、切れ味、刃先のタフさ、全部試して「これにはこれ！」というのがあるんですね。

高枝切りバサミもそう。一生に一度使うかどうか程度の道具かもしれません。ちなみに私は一度も使ったことがありません（笑）。

でも、これを持っていると庭の木を切りたい！と思った時には非常に便利です。

持っていると簡単にできることも、持っていないと諦めなければいけないことも出てくるかもしれません。

人生ってどこで何を使うかわかりません。

「ちょっとあの枝、邪魔じゃない？どうにかして！誰か〜！」という時に、

「あ、私それ切れます！　高枝切りバサミ持ってます！」という場面が訪れるかもしれません。

でも、一生使わないかもしれません。

勉強とは、そういうものなのです。

何に使うか、わからない。でも、それをどうやって使うかは、本人しだい。上手に、そして正しく使ってほしいと思っています。

勉強で得られるのは、「知識」という道具です。この道具は頭の中に収納することができます。どれだけたくさん持っていても保管に困ることはありません。

我が子には、たくさんの道具を授けて、社会という大海原に旅立たせてあげたい。だから「たくさん勉強してね」と、私は繰り返し話すのです。

そして学歴。

学歴があっても、社会に出たら使えない。よく聞く言葉です。

これ大正解！

そうなのです。学歴があっても「使えない人」っていっぱいいます。

では、学歴ってなんでしょうか。

学歴とは、「あなたという人間を評価する時の証明書」なんですね。

だから、証明書がいくら立派だろうと、もちろん、「使えない人」もいるのです。

でも、その証明書には、「証明書を得るためにものすごくがんばった」という経緯や背景が見えます。

そして、まだまだ世の中は、学歴だけで人を判断することも多いのです。

自分の子って「素晴らしい」って、みんなに思ってほしいんです。大勢の中で「この子はできるね」って。これは、ごく自然な願いだと思います。

できるのに、「証明書」を持っていないことで、「できない」と判断されることもあります。だからこそ、私は学歴は必要だと思っています。

6 勉強に自己肯定感は必要ない

自己肯定感って何？

最近よく目にするようになった「自己肯定感」という言葉。

自己肯定感というのは、「自分は大切な存在だと感じる気持ち」のことを指します。お母さんや子どもの自己肯定感を上げることで、全てが良い方向にいくように思われていますが、こと勉強についてはそんなことはありません。ここで少しそのことをお話しましょう。

私自身のことを振り返ると、自己肯定感が低く、「ブスだから勉強しなきゃ」と思っていました。自分の才能など一切信じていません。

「悩んでもしょうがないでしょ」と言われても、毎夜一人反省会の日々。「悩んでもしょうがないのに『悩む』自分にまた悩む」んです。

後ろ向き人生真っしぐらで、ダメだった時のことばっかり考えています。若いうちはそんな人生を変えようと躍起になっていた時もありました。

でもね、仕事や子育て、いろんな経験を経て、世の中にはそういう気持ちを抱えて生きている人もいていいんだなと思えるようになりました。

生徒のお母さんからも「成績のことを叱りすぎて、子どもの自己肯定感が低くなるのではないかととても心配です」という悩みが聞かれます。

自己肯定感の高い人は、能力のあるなしに関わらず自分に満足できて、物事をプラスに見る習慣があります。これは良いことには違いないのですが、子どもによっては、「100点がとれなくても、自分に価値があるから満足できる」わけです。成績が悪くても「自分には価値があるから気にしない！」。でも、それでいいのでしょうか。

「不十分な自分自身に満足できる気持ち」を育てるのは、勉強とは別の分野でし

てみるといいですね。

自己肯定感の低い子どもは、失敗しないためにどうするかを慎重に考えて計画的に行動し、危険予測能力が高くリスクヘッジをとる傾向があります。失敗をしたくないという思いから挑戦をしなくなるといわれていますが、そんなことはありません。

自己肯定感が低い＝ものごとに慎重に向き合える。良い意味で捉えて、強みに変えていけばいいのです。

また、お母さん自身の自己肯定感の低さに悩む方もたくさんいます。そういうお母さんは「子ども思いの慎重なお母さん」なのです。

自己肯定感は「高い・低い」ではなく、良い面から見るように意識しておくとよいでしょう。

結果で怒らない

勉強に自己肯定感は必要ないと書きましたが、日々の勉強を見る際に気を付けていることがあります。

それは「過程で叱る、結果で怒らない」ということです。

例えば漢字のテストがあるとします。

「ぼくは生きているだけで価値があるから漢字のテストが0点でもいいんだ」なんて言うのは絶対に許しません。勉強をする過程では、たくさん苦言を呈します。勉強時間が少なければ、「もっと勉強しなさい」と叱ります。

しかし、一生懸命勉強をして点数が悪かったとします。その時は思いっきり褒めます。結果では怒らないのです。

親子で100点を目指すのは、とても素晴らしい共同作業なのです。

十人十色、お母さんにもいろんなタイプがある

未就学児のお母さんから、こんな相談を受けることがあります。

子どもに「一緒に○○ごっこ遊びをして」と言われても、くだらなくて付き合えない。

ついつい一緒にいる時に、スマホばかり見てしまう。

絵本がつまらない。同じ本を何度も読んで読んでとせがまれて苦しい。

周りのお母さんは、「子どもの遊び」にしっかりと向き合っているのに、同じように付き合いきれない自分が、親失格だと思ってしまいます。

でも、お母さんにもいろんなタイプがあるのです。

3歳までの幼児期がいちばん楽しかった……というお母さんがいます。おっぱ

いをあげたりミルクをあげたり、泣いたらあやして、おむつを替えて、そして日々の小さな成長に気付く。それが毎日の楽しみ。

「育児ばっかりしていて息がつまるでしょう」と言われても、息がつまる理由がわからないと言うお母さんです。

これに対して、話が通じるようになった小学生くらいから「やっとこの子と話ができるようになった！」と子どもとの関わりを楽しむお母さんもいます。

中学生くらいの子離れの時期になっても、「もう一緒にお出かけできなくなる」ことを悲しむのではなく、自分の時間を持てることと、たまに一緒に触れ合える時間がかけがえのないことだと感じて、うまく付き合えるタイプのお母さんもいます。

幼児期の子育てを楽しめるお母さんは、思春期に入った我が子に戸惑います。今までこんなに私のことを求めてくれたのに……。あと何回、一緒にキャンプに来てくれるのだろう。寂しい……。こんな心境になります。

お母さんになったばかりのころは、このタイプのほうが子育てに向いているとされます。

でも、小学生、中学生の子どもとの関わりを楽しめるお母さんが母親に向いていないわけじゃないのです。それぞれ子育てを楽しめる時期が違うと思ってください。

一見、子育てに向いていないと思えるお母さんの方が、長く親子関係を楽しめることも多いのです。

良くも悪くも、子どもは必ずあなたを映す

「この親にしてこの子あり」という言葉がありますが、お子さんの思考はお母さんの影響をたくさん受けていると感じることがよくあります。

98点をとったとします。

「すごい点数でしょ！」と持ってくる子ども。

「１００点じゃなかった……」としょげてしまう子ども。

前者は自己肯定感が高いから良いとされます。

でも、後者のタイプも素晴らしいのです。あと2点を追いたい！　というのは、向上心の現れです。つまり、勉強にとって、自己肯定感の高い低いなど個性にしかすぎないのです。

私が良くないと思うのは、あと2点がとれなかったことを、「ママに叱られるかもしれない」と怯えてしまうことです。

あなたが100点を望むのであれば、それはどうしてなのかをあなたの言葉でしっかりと伝えていきましょう。

お母さんと話をしながら得た「思考」は、その子の一生の財産です。

「思考」の「クセ」は、よくも悪くも必ずあなたを反映します。

7 親子で話し合うことの大切さ

お母さんの要求も聞いて！

5歳以上になってくると、自制がきくようになります。お母さんが忙しそうだなと思ったら、自分のしてほしいことを我慢して空気を読むということがだんだんできるようになってきます。

これはお母さんが子どもに訓練するからこそできるようになるのです。

子どもが自制心を持てるようにするために、お母さんの要求も聞いてもらう訓練をしてみましょう。

その要求＝交換条件ですが、もちろん「朝ご飯を作ってあげる代わりに、勉強

をしてください」というような、基本的な生活に必要なことを引き合いに出してはいけません。

例えば、お母さんに本を読んでほしいという子どもに、「ママが本を読んであげる。その代わり、〇〇くんは、本の中に『あ』を見つけたら教えてくれる？」

こんな、とても簡単な作業を要求するのです。これだけで、子どもにとって「あ」という文字が特別になります。

見つけるたびに「わー、すごいね！　ママもうれしい」という声かけをしてあげてください。こうして、本を読むたびに少しずつ平仮名を覚えていきます。

子どもの要望を聞いてあげて、お母さんの要望にも応える。親子二人の楽しい絵本タイムになっていきます。

このことが、お互いに協力しながら作業をすることの楽しさを知ることになります。そして、子どもが自制することも覚えてゆきます。

お母さんの要求も、最初は子どもが簡単にできるものから始め、それを少しずつ「勉強」や「お手伝い」を含んだものにしていきます。

お互いに共同作業が楽しくなってきたら、少しずつ共同作業ではないことも要求していきます。

例えば、お子さんが観たい映画を観に行くとします。その時に、「ママはそれほど観たくないけれど、○○ちゃんが観たいというので一緒に観ます。でも、ママはそのあと、カフェでお茶をしたいので、それには付き合ってくれますか？　静かに待てますか？」と言います。

最初はわかりやすく、同じショッピングモールの中でできるようなことにするといいですよ。

勉強についても同じです。あなたは子どもに漢字の勉強をしてほしいと思っています。

「あなたはそれをする時にママにやってもらいたいことがありますか？」と聞い

てみてください。

「最初のところだけ一緒にやってほしい」とか「わからなかったら、教えてほしい」というような要求が出てくるといいですね。

ゲームやテレビとの付き合い方

「勉強をしたら、ゲームやテレビを増やしていいよ」

こういう約束は、やめておいた方がいいです。

この約束をすると、勉強の目的が「ゲームをするため、テレビを長く見るため」になります。ゲームをしたいから勉強をするとなってしまいますね。

勉強って何のためにするの？　というところで、10歳まではお母さんのため、お母さんが喜んでくれるから、10歳以降は他の誰かのためだったり自分のためだったり、将来のためだったりと考えていかなければならないのに、一度この約束をしてしまうと、ずっとゲームやテレビのために勉強をしていくことになってしまいます。

また、「勉強のあとはゲームやテレビ」にすると、早くそうしたいので勉強がとても雑になるのです。早く終わらせることが大切になり、勉強の内容はどうでもよくなります。1時間勉強をすると、1時間ゲームやテレビの時間を増やすというルールになると、とにかく1時間、勉強道具の前にいたらいいんだと思って全く集中しない子もいます。

ゲームやテレビをご褒美にしてはいけません。もし今すでにご褒美にしてしまっていたら、一度お子さんとやめていく方向で話し合っていきましょう。

お互いの意見を言い合うことは、ハッピーなことだと伝える

我が家は子どもにほしいものができた時には、どうしてそれがほしいのか聞いています。

そして、私が子どもたちにしてほしいことがあったら、どうしてそれをしてほ

しいのかを話します。

子どもたちに、お母さんと一緒にやりたいことがあったら「お母さんに伝えてね」と言います。

子どもがやりたくないことはその理由を聞いて、「どうしたらやりたくなるかな?」と話し合います。

お互いにやりたいことを話し、要求をして、どちらも叶えられるような妥協点を見つけることや、意見を聞いたりすることは、問題の解決につながります。押し付けではなく、お互いに納得したうえで物事を進めることができます。

話し合うこと、意見を伝えあうことはハッピーなことなのです。

中学受験をしてほしい親とこれ以上勉強をしたくない子どもとのやりとり。

ゲームをしたい子どもとゲームをさせたくない親との攻防。

夜中にスマホを使わないでほしい親と友達と連絡がとりたい子ども。

たくさんのバトルがあると思います。

しっかりと話し合うことが基礎になっている親子は、思春期になっても、建設的な話し合いができることが多いです。

この話し合いや意見のすり合わせが、一般社会においてもとても必要なことになってきます。しかしその要求の出し方や、自分の意見の伝え方を学ぶ場は非常に少ないように思います。

例えば、「こんなことをやりたい」「こんなことに挑戦したいので手伝ってほしい」という場合に、相手に対して一方的に何かを押し付けるのではなく、「どうしてそれをしてほしいのか」を伝えると、みんなが考えてくれますね。

作業内容だけを伝えると長時間かかる仕事が、その作業の意図を伝えることで、非常にスムーズに進みます。

話し合うことは、本当に大切です。

そして、そのスキルは子どものころからの積み重ねなのだと感じます。子どもにとって、それを学ぶ最初のコミュニティは、家族です。

そして、コミュニケーションをとるいちばんの練習相手は、お母さん、あなたなのです。

8 成長段階で違う、伝え方のポイント

10歳までは、ただのトレーニング。有無を言わさず勉強をさせてもいい

勉強をさせる時に、「どうして勉強をしなくてはいけないのか」と、こんこんとお子さんに話をするお母さんがいます。

私は10歳までは、「勉強はただのトレーニング」と断言しています。どうしてそれをしなくてはいけないかという理由は、それほど重要ではありません。

「ママがやってほしいから」「ママがうれしいから」という理由で十分です。

我が家の例になりますが、5歳の息子が小1の漢字をやっています。もちろん遊びたい盛りですので、「勉強したくない」と口にします。

15分程度の勉強をしたら30分ほど遊ばせる、そのあとまた呼び寄せて15分くらいの勉強をさせるということをしています。その繰り返しです。

だんだん私の要求通りにできるようになってきましたが、もちろん日によっては、「やりたくない。早くお庭に虫をとりに行きたい」と泣きます。

どうして勉強をしないで虫とりに行きたいのか、とたずねてから話し合いをします。

「虫が逃げちゃう」と思わずくすっと笑ってしまうかわいいことを言うのですが、そこは心を鬼にして「まず勉強をしてください」と言います。

上手くいかない時は、1時間ほど押し問答があります。でも最初の要求は、「絶対に今すぐ行きたい」だったのが、15分ほどあとになると、「もう少し減らしてほしい」になって、最終的に「見ててくれたら、全部がんばる」になります。

その間は、もちろん「ギャーギャー」と泣きますので（笑）、机に向かって勉強し始めたころには、疲れてえんぴつを持ったままウトウトしていることもあります。それでも、何度かそういうバトルを繰り返していると、「ああ、お母さんは折れないいんだな」と理解するようになります。

小2の娘は、4歳からそんな訓練を繰り返してきたため、「帰宅しておやつを食べたら、勉強は当たり前」になっています。宿題を済ませ、家庭学習を済ませたあたりに、約束をしていた子が来て遊びに行きます。

でも私の仕事が一段落して、「今日は勉強を見ることができる」という日には、友達の誘いを「今日は『お母さん塾』の日だから」と言って断ってもらうこともあります。もちろん勉強量を考え、天気を見ながら判断していますので、お母さん塾は雨の日が多くて、晴れの日は外に遊びに行っています。

「勉強すること」に、まだ理由をつけていません。お母さんが喜ぶから。ということでがんばってくれています。

ぽかんと口を開けて話を聞いてない我が子

「うちの子、私が一生懸命話をしているのに、口を開けてポカーンと聞いているんですよ！」と鼻息の荒い相談メッセージを頂くことがあります（笑）。

実は子どもって、一生懸命話を聞こうとすると口がポカーンとあいてしまうことが非常に多いのです。

伝えようとする情報量が非常に多い場合、子どもが話を理解できず、それでも、「何とかママの言っていることを理解しよう」と一生懸命になるので、口が開いちゃうんですね。

決して聞いていないわけではありません。

そういう時は、短く、わかりやすい端的な言葉で話すことを、心がけてみてください。

苦言を呈する時は、必ず手を握る

お母さんは、子どもが嫌がることを言わなくてはいけない時があります。

我が家の例ですが、小2の娘が最後の見直しをしなかったために点数を落としてくることが続きました。

「一方的になってはいけない」とわかってはいても、自分のことになると結構な権幕で怒鳴りつけてしまいます。ダメだなと思いながら、やっぱりやってしまいます。

「言い過ぎているな」と途中で思ったら、必ず娘の手を握ることにしています。口で叱りながら手を握る。

ぎゅっと握りしめると、私も「だめだ、言い過ぎたらだめだ」と制する気持ちが生まれますし、叱られている娘も私の手を握りながら、安心して泣きます。

言いたくないことを伝える時には、必ず身体のどこかに触れておく。言い過ぎになりそうな内容の時には、手を握りながら話す。ぜひ試してみてください。

そしてもう一つ、「口に出す前に、叱る内容を紙に書く」ことをおすすめします。なかなか難しいことですが、書くことによって、お母さん自身が「これは今伝えるべきことか」「自分は何に対して怒ってるのだろう」と思考を整理することができます。

お子さんを傷つける言葉を避けることもできます。

「叱る」という行為が、「怒りをぶつけること」が目的ではなく「子どもに何かを伝える」ことが目的だったということを思い出すことができます。

ぜひ、メモに書き出してみてください。心を落ち着かせるための方法です。

先日、グループに勉強を教えるという仕事に娘を連れて行きました。その時に、娘が途中からどんどん調子に乗って話し始めたのです。いつもなら「漢字の練習をしなさい」と言うとすぐに始めるのに、できない自分をアピールして甘えてきました。他の生徒の手前、声を荒げて怒ることもできずに、非常にイライラした

のです。

生徒さんが帰ってから、娘の前で今起きたことを紙に書いて説明しました。

言葉で話すより書き出す方が時間がかかりますが、傷つける言葉を避けることができます。


漢字の練習をしなさいと言ったのに、すぐに取り掛からなかった。

ゆみちゃんはみんなのお手本になるように、勉強に取り掛かってほしい。甘えるのは、勉強が終わったあとにしましょう。


娘はその紙をじっと見ながら考えていました。

帰る途中、「次のグループ学習の前に（お母さんの書いた）あの紙を確認しようっと」とつぶやいていました。家に帰るとそれを大切なことを貼るホワイトボードに貼りました。

その場で感情にまかせて怒っていたら、なかなか次に生かすことはできないでしょう。

叱る理由はあとから話す

本書では、その場で理由を話さずに、あとから話しましょうと提唱しています。なぜでしょう。

それは子どもの処理能力が意外と低いからです。その場では泣いていることや、自分がやりたいことを止められて暴れているために、それ以上のことはできないのです。そこで理由を話しても頭に入らないのです。

じゃあ、いつ話すのがよいのか。

例えば、病院の待合室で走り回る子どもがいて、それをその場で無理やり止めたとします。どうして「走り回らないでほしいのか」という理由を話すのは、お互いがリラックスした時が最適です。

私はお風呂でゆっくりしている時や寝かしつけの時にするようにしています。

母「あの時、走っちゃだめって言ったのは覚えてる？」
子「うーん。いつ？」
母「病院の時」
子「……」
母「どうしてダメかわかるかな？」
子「わかんない」
母「病気の人がいるでしょ。お年寄りもいるよね」
子「うん……」
母「病気の人はうるさくしたらもっと具合が悪くなるよね」
子「うん」
母「だから病院では静かにしてほしいとお母さんは思っています」

こんな感じです。
そして、私はこのやりとりを何度も繰り返します。

　そして別な日にはこんなやりとりをします。
母「質問です！　病院の待合室でしてはいけないことはなんですか」
子「走り回ることです」
母「どうしてですか」
子「わかんない」
母「それは、病気の人が具合悪くなったら困るからです。言ってみてください」
子「病気の人が…え？　なんだっけ」
　しつこいかもしれないけれど、こうやっていかないと、理由はその子の中には入りません。
　そして、次にまたその場所に行く前に、前回のことを話して「何をしてはいけなかったの？」と、親子で確認をします。
母「この間、この病院で○○ちゃんは走り回って怒られたのを覚えてる？」
子「えー、そうだったっけ？」

母「そうだよ。どうして走り回ったらダメなのか？　話し合ったのを覚えている？」
子「うーん……病院の人が困るから？」
母「そうだね。病院には病気の人がいるでしょ……（続く）」

こうやって「走り回らないでほしい」ということを伝えます。

そして、もしそれが守られていたら、病院を出た時にしっかりと褒めます。

母「〇〇ちゃん！　すごかったね。走り回らなかったね」
子「うん！　がんばったよ！」
母「えらいね。病気の人も安心して病院にいれたね」

ぱんだ流叱り方ポイント2

1. まず止めさせる。
2. 理由はあとで伝える。
3. 理由を復習する。
4. 次に出かける時に確認する。
5. できたらしっかりと褒める。

この5つを、ぜひやってみてください。

思春期は社会を意識し始める大切な時期

10歳までのことを書いてきましたが、少し先のことも書いておきましょう。

10歳以降は、自分の周りにはたくさんの人やモノが存在していることに気付き始めます。

友達、学校、習い事の仲間、好きな異性、学校の先生、保健室の先生、習い事の先生など、大人の存在もお母さんだけではなくなっていきます。

その中で、「自分の存在とはなにか」「どういう役割があるのか」を自分で考えていくことが多くなります。


私は昭和50年生まれですが、私が子どものころ、周りでは「10歳からの転換期」に、親が「勉強は高学歴のために」という一辺倒な期待に固執していたため、「子どもがグレル」とか、逆に親の期待に応えきれずに「つぶれてしまう」ということがよく起きていました。


そうならないためにも、子どもの巣立ちの時をしっかりと見据えた子育てをしていくことが大切です。親離れや子離れはある日突然するものではなく、ゆるやかにしていくのがいいですね。

そうするうちに、「親子」という単位から、社会の一員としての自分を意識する視点が芽生えてきます。

「ママのうれしい顔」を見るためにがんばった子どもは、「クラスのため」や「学校のため」に学級委員やクラス委員、児童会や生徒会に関わっていこうとします。自分ががんばると誰かが喜んでくれるということを経験しているからです。

返事はなくとも、その子の心にお母さんの言葉は残っている

思春期に入ると避けては通れない「進路」についての話。

「もっと勉強をして、上のレベルの高校に行ったらどうかな」と伝えたとします。子どもは返事をしません。無視をして部屋に閉じこもりました。

苦しいですね。一生懸命話せば話すほど、子どもは親を煙たがり、遠ざけるようになります。

でもね、聞いてないわけじゃない。にらんでも、無言でも、耳に届いていないわけじゃないのです。

だからそういう時は、短い言葉で、しっかりとお子さんにお母さんの要求を伝えてください。

生徒の男子中学生からはよく、「母さんが、こんなこと言ってるんだけれど、先生、どう思う?」と相談されます。

でもお母さんからは、「私が話しても全く聞いてくれない」と言われます。

「実はしっかりと伝わっている!」ということを知っているのは、他人である私だけ(笑)。

だからこそ、お母さんには、しっかりと自分の気持ちを子どもに伝えることを諦めないでほしいと思います。

悲しまないで! 思春期でお母さんを遠ざけるのは、当たり前

母親と目線を合わさないように、食事の席でも無言でスマホをいじる娘。「食事の時はスマホを触らない約束でしょ!」とお母さん。スマホをダーンと置いて部屋に閉じこもる娘。食事はほとんど残したまま。

これは極端な例ではありません。いつの間にか親子の会話は減り、お母さんと

話すより友達と話すことが多くなり、お母さんが話しかけても短い返事だけで終わってしまう。

悲しいですよね。
あんなに「ママ、ママ」とうるさいくらいに、私のすぐそばにいた我が子。
「ママにあげる」と言って、道ばたの花を摘んできてくれた我が子。
「大好きだからぎゅっとして」と言っていた我が子。

でも、あなたを遠ざけることは、思春期では当たり前の発達なのです。
社会と関わるために、自分の関心を社会に向けているのです。

また、思春期はホルモンバランスが大きく崩れる時期でもあります。身体が大人になる準備を始めます。ホルモンバランスが崩れる状態は、私たち大人の女性でいうと生理前のようなものです。イライラすることはよくありますね。
男子も女子も、そういったイライラする時期が2～3年続くと考えるといいと思います。

でも、その間もあなたの子は、しっかりとあなたの言葉を心に刻んでいます。いっとき、あなたを遠ざける態度があったとしても、必ずまた良好な親子関係になります。だから心配しないでください。しっかり言葉をかけ続けた子は、またあなたと話をするようになります。

子どもとの会話は「貯金」です。交わした会話の分だけ、蓄積されていきます。だから思春期は、相手のレスポンスがなくても気にしないでください。寂しいけれど、それが成長なのだと前向きに受け止めることが大事です。

9 「なぜ勉強しなきゃいけないの?」と聞かれたら

子どもの2年後は大人の感覚では8年後

子どもに、「なぜ勉強しなきゃいけないの?」と聞かれたことはありますか?

そして、あなたはどう答えますか?

「勉強をする意味」については、私自身も今までにたくさんの生徒から質問を投げかけられました。

どんなふうに答えるべきか? 年齢別に考えていきましょう。

勉強する意味を伝える時に、「自分の将来のために勉強してほしい」と伝えるお母さんがとても多いです。

でも、10歳までの子どもは「自分の将来」についてイメージできていない子が多いです。

子どもが感じる時間の感覚が、大人の何倍も長いというのは、みなさんも感じておられると思います。

例えば、40歳のお母さんにとっての1年は、人生40年のうちの1年。つまり、1／40です。10歳の子の1年は人生10年のうちの1年、つまり1／10なのです。

だからこの場合、大人にとって1年と感じる時間の感覚は、子どもにとって4年ほどにも感じるというわけです。

10歳の子にとって、例えば2年後、中学生活を目前にした小6は、大人にとってはあっという間の2年後かもしれませんが、子どもにしてみたら、8年後のような感覚なのです。

私たち大人でも、2年後の生活は想像がついても8年後の生活は想像できないですよね。想像できない将来のために、見たいテレビを我慢したり、YouTubeやゲームを我慢したりするって、とてもつらいです。

だからこそ、今まで書いてきたように、「ママが喜ぶから」でいいのです。

「誰かのためにがんばる」のは、大人になってもモチベーションになり得る

私は、いつも誰のために仕事をしているの？　という問いに、胸を張って「生徒たちのため、そして子どもたちのため」と答えます。

「誰かのうれしい顔を見るためにがんばってみよう」と考えると、私の人生は開け、そして楽しみと喜びを感じられるようになりました。

合格・不合格が結果として明確にジャッジされるシビアな世界で、子どもたちとともに苦しみ、そして合格した時の達成感を目の当たりにした時に、「他人のためにがんばる」ことの真の喜びを知りました。

だからこそ、「誰かのうれしい顔を見る」ために仕事の精度をあげていってあとひとふん張りをすることや、「誰かのうれしい顔」を見るために生きるというのは、最高のモチベーションなのだと胸をはって生徒に伝えています。

「子どもが成長する喜び」を子どもに伝えていこう

思春期に親子関係を悲観するお母さんはとても多いです。

「私には何も話してくれないのに、ゆきえ先生にはなんでも話すそうですね」と寂しそうに話すお母さんを、これまでたくさん見てきました。

そういう時には「そうなっていくことの喜び」をお子さんに話してほしいと伝えます。10歳まで「ママのためにやってくれて、ママはうれしかった」と我が子を抱きしめながら伝えていた時と同じ熱量で、思春期を迎えて成長の過程にあるお子さんを褒めてあげてください。

褒めるというよりも「讃(たた)える」といった方がいいかもしれません。

血を分けた可愛い我が子が、一人の大人として自分のもとを巣立っていく喜びと寂しさを感じることができるのは、「お母さん」しかできない、子育てのいちばんの醍醐味だと思います。

「できるようになったことを褒めていますか?」とお母さんにたずねると、「ちゃんと褒めることもしています」と返事が返ってきます。でも現実には、なかなかできていないことが多いですね。例えば、1年前にできなかったことを、今はできるようになったねと褒められると、子どもはとてもうれしいものなのです。

このことを念頭に置いて、ここでは学年別でお話していこうと思います。

トイレに一人で行く小学1年生を褒めたことがありますか?

トイレに一人で行けるようになるのは、4~6歳と言われています。

5歳の息子は、最近「恥ずかしいから、人がいたらトイレの扉は閉めておくね」と言うようになりました。

いま当たり前にできていることでも、1年前は、あなたが飛び上がって拍手をするくらいうれしいことでしたよね。

トイレもその一つ。当たり前になったから褒めないのではなくて、たまにでい

いので「一人でトイレにいけるようになったね。すごいね！」と褒めてあげてください。

時計が読める小学2年生を褒めたことがありますか？

小1で時計の読み方を習います。今までは、ぴったり、30分、15分、45分を答える問題まででしたが、新学習指導要領になって○時17分や53分など細かい読み方も出題されるようになりました。

小1での勉強の第一関門は、くり上がりくり下がりの足し引きと、この時計です。時計が読めるか読めないかで、小2の成績は随分と変わってきます。

大概の子はこの段階で細かい時計の読み方ができるようになります。そこから、「7時46分の15分後は？」という問題を解いていくことになるのですが、小2がスラスラと細かい時計の読みができるかというと、実はものすごく頭を使って読んでいるのです。

親としては「時計ぐらい読めて当たり前でしょ」と思うかもしれませんが、ここをしっかり褒めることで「小2の関門」と呼ばれる時計と時刻を乗り越えることができます。

私たち大人も、例えばなにか新しい仕事を始めた時に、できたところを褒められることなく次々にやることを課され、さらにそこができても褒められることもなく、また次が課されるとやる気が出ませんね。

「これができてすごいですね。じゃあ次はここをやりましょうか」というような進め方だと、「あぁ、次もがんばろう」となります。

ぜひ時計が読めることを褒めたうえで、他の問題に取り組んでみてください。難しい問題でも、「そっか、小1の時よりできてるんだ」と子ども自身が思うと、勉強に向かう姿勢が整ってきますよ。

お手伝いをしてくれる小学3年生に毎日「ありがとう」と言っていますか？

小3までにお手伝いをする習慣を確立しておくことを、「ぱんだちゃんのおうち学校」ではすすめています。

それまでにしっかりと子どもと向き合い、お手伝いの仕方を教えておくと、それから先もお母さんの右腕となって一緒に家庭を切り盛りしてくれることが多いです。お風呂掃除、茶わん洗い、休みの日の朝食作りなど、小3になると一人でできることが増えてきます。そして精度も上がってくるものです。

一方で、その光景が日常になると、「ありがとう」という言葉を忘れがちになります。

私たち母親も、家族に「いつもご飯を作ってくれてありがとう」と言われると、当たり前だと思っているわけではなく、しっかりとがんばりを認めてくれているんだとうれしくなるし、やる気が出ます。

勉強のことも、そしてこの先いつか独り立ちする時のための家事スキルも磨いていけるのがこの学年です。ぜひそこに感謝をし、「ありがとう」を伝えることがとても大事なことも知っておいてください。

急に難しくなった小学4年生、できていない部分だけを責めていませんか?

小4になると途端に勉強が難しくなります。算数は四則(たし算・ひき算・かけ算・わり算)が揃い、それを使いこなして文章題を解いていきます。「今はかけ算を習っている単元だから」という理由でかけていたり、大きい数÷小さい数をやったりすれば間違いがなかったのが、小数と分数の登場によって意味を理解していないと解けなくなります。

漢字も同じ読みのものが多くなり、どの場面でどの漢字を使うのか判別する必要が出てきます。

難易度が上がり、例えば今まで１００点だった子どもが１００点をとれなくなってくるのもこの学年の特徴ですが、80点でも責めてしまいがちになります。

でも実は子ども自身も「どうして今までみたいに点数がとれないのだろう」と考え込むことが多いのです。

がんばったつもりなのになぜ？　と思っているところに、お母さんから責めが入ると、「うるさい」「こんな勉強なんてやりたくない」という気持ちになってしまいます。


今やっているのは難しい勉強だということをお母さんがまず知ること。そして80点をとれたら「とれていない20点」を責めるのではなく、80点をまず褒める。これがとても大事です。

そうすると子どもは、「でも、やっぱり１００点とりたい」という気持ちが強くなるものです。

身近なお母さんが自分のがんばりを認めてくれていること、そして子どもがその気持ちに応えたいと思うことがとても大切なのです。

小学5年生、塾に行くことは当たり前じゃない

だんだん塾に行く子が多くなる学年です。この学年は算数では速さや割合が出てきます。

速さや割合がどうして子どもたちにとって難しいかというと「概念」だからです。今までは「赤い花が5本咲いています」と問題にあると、頭の中にその花のある情景が浮かぶのですが、それが「車で、時速40キロメートルの速さで1時間半走る」となると、子どもにとって見えない世界のことになりますね。

また割合も、１００人のうち30人が30％なのですが、50人のうちの30％が15人になるのが、直感的に「30がどうして15に？」と理解できないのです。

勉強が難しくなる中、塾に行く子も出てきます。塾といっても千差万別、本当にたくさんのタイプの塾がありますが、楽しくウキウキしながら通っている子はそんなに多くはないかもしれません。

でもお母さんとしては「あなたのためにお金を出してあげているのだから、感謝してよね」と思います。

そうではなくて、「塾にがんばって行ってくれてありがとう」とメモに書いて渡してあげてください。

勉強して当たり前。そうではないのです。「ありがとう」と伝えることで、子どもは、誰かのために何かをしてあげることの尊さを実感していきます。

小言を言っても全く聞かない小学6年生、でも聞いていないわけじゃない

小6になると、だんだんお母さんの言葉を「うるさい」「うざい」と言って聞いてくれなくなります。もちろん今までどおり仲の良い親子もいます。でも多かれ少なかれ、自分にとって「耳の痛い」話題については「聞きたくない」「言われたくない」と思い始める年齢です。話を聞いてくれない子どもに対してあれこれ言うのは、親自身も心が疲弊します。

でも、実は聞いていないわけじゃないのです。耳には入っているのに「わざと」聞いていないふりをする。私には関係ないよというスタンスをとる。それが逃げる技だったり、カッコつけだったりするのです。

無視をされているのにも関わらず、伝え続けるのは悲しくなります。でも届いていないわけじゃない。聞いていないわけじゃないということをなんとか心に据えて、何度も繰り返し話をしてみてください。

この言葉がその子にとって大切なものになるのは、もしかしたら5年後かもしれない。10年後かもしれないからです。

私たちも同じ道を通ってきた記憶ってありませんか? 自分の幼い頃、お母さんがいつも言っていた、「靴をそろえてから、家の中に入りなさい」というような日常の作法の意味、やらねばならないことを先にやった方がいい理由、約束を守るとはどういうことか、など。

私も当時は、「うっせーなー」という態度をとっていましたが、大人になってから、父や母が口を酸っぱくして言ってくれていたことの意味を噛みしめる毎日です。お父さんやお母さんの思いは子どもにしっかり届いています。

10 子どもの趣味に興味を持って

グッズを集め始めた。くだらないと言わないで

小学生になると、自分のお小遣いで好きなキャラクターのものを集めたり、友達と交換したりし始めます。親の立場からすると、「そんなくだらないものにお金

をかけて、もったいない」と思いますよね。

実はこの「グッズ集め」は子どもにとって大切な成長過程なのです。

「ママは興味ないけれど、あなたにとって大事なものをちょっと知りたい」と考えましょう。自分の大切なものを相手も大切にしてくれることは、ものすごくうれしいことなのです。

何が楽しいのかをしっかりと聞こう

小学校高学年になってくると、「オタク」になる子も多く出てきます。「オタク」を理解できないお母さんは「うちの子がオタクになると思わなかった」と言って嘆きます。

でも、好きなことを自分の親から「変な目」で見られるのは、子どもにとってはとても辛いことです。ですから、ぜひ興味を持って「何が楽しいのか」や「どうしてそれが好きなのか」という話を聞いてあげてください。

私は家庭教師をする最初の日に、必ず、「今好きな音楽はなに？」「アニメは見るの？」「好きな漫画はなに？」と聞きます。それまで緊張をして顔をこわばらせていた子も好きな話になるとすぐに打ち解けます。聞いたことのないアニメやゲームは、「それってどんなゲーム？」と聞きながらその場で検索します。

「私はあなたのことを知りたい」という姿勢を見せることはとても大切です。すると生徒自身も「ゆきえ先生の言うことも聞いてみたい」と思ってくれるようになります。

そんな私は漫画が大好きです。だから中高生の気持ちがわかるのかもしれません。

お互いの「好き」を大切にする仲間になる

私は生徒の好きなものを聞きますが、だからといって生徒のおすすめを全部聞いたり読んだりするわけではありません。

でも、アニメのあらすじを聞くことや、好きな音楽について「どうして好きなの？」といった話をしながら、お互いの「好き」を大事にし合う関係になることがいちばん大切だと思っています。思春期のお子さんがお母さんより友達を大切にするのは、そういった話題を共有する仲間がほしいからです。

面倒だと思わず、子どもが興味を持っている内容にふれてみましょう。お母さんにとっても新しい発見になるかもしれないし、なにより子どもと「仲間」として共通項ができればコミュニケーションの幅も広がります。

11 男子にとって小中学校の友達は、一生の友になる

男子と女子では友達の定義が違う

男子と女子の友達付き合いは、小学校高学年になると違いが出てきます。

お母さんは同性ですから、女子の友達関係はだいたい想像できます。でも男子の気持ちはよくわからないというお母さんは多いです。

幼いころからしっかり勉強させたいお母さんに対して、「そんなにやらせる必要はない」というお父さんもいますね。

どうして「そんなにやらせる必要がない」や「もっと友達と遊ばせた方がい

い」って言うと思いますか？

実は、男子と女子では友達の定義が違うからです。

大人になっても友達を作れる女子

さて、あなた（お母さん自身）が今思いつく友達って誰でしょう。ママ友や会社の同僚、趣味のサークルの仲間……など、今身近にいて、会おうと思ったらいつでも会える人を思い浮かべる人が多いのではないでしょうか。もちろん、一人ではなく複数います。

友達という定義が、ものすごく広いのが女性の特徴です。

ちょっとランチに行く友達、子どもたちを介して付き合う家族ぐるみのママ友、お店に行ってよくおしゃべりする店員さんも友達。

たくさんたくさん友達がいます。

女子は大人になっても仲間を作りたいのですね。言葉を交わすことが多い人のことを「友達」と考える傾向があります。

故郷の友達を大切にする男子

同じ質問をお父さんにしてみます。そうすると多くの人が、学生時代の友達をあげると思います。しかも、その人数は一人か二人。年に一度、故郷へ帰省するのが楽しみという方も多いです。

女性は今現在の近い存在を友達と定義します。でも、男性にとっては、幼いころに一緒に泥んこになりながら遊んで、一緒に楽しくゲームをしあった相手を友達と定義するのです。だからこそ、男性にとって小中高時代は友達と遊ぶことはとても大切なことなんですね。

お父さんは、それを損なうような学習の仕方や勉強の進め方をいやがります。「そんなにやらせる必要がない」とか「もっと友達と遊ばせた方がいい」と、言うのは、そういった理由からです。

私も男子生徒を教える時は、そこに注意します。生徒の一生を左右することもあるからです。もちろん女性であっても故郷の友達を大切にする人もいるし、男性であっても大人になってもどんどん友達を作る人もいます。一人ひとり違うので、お子さんの気持ちを汲みながら、子どもに合った指導をしていきましょう。

12 思うように進まない家庭学習

家庭での勉強方法を習ったことがありますか?

新学期が始まる4月。新しい先生になると「家庭学習の仕方」というプリント

が配られるところがあります。

娘の時もこんなプリントが配られました。
・ノートは学校指定ものを使いましょう。
・宿題のプリントが毎日2枚出ます。それを、上部2か所で糊付けしてノートに貼り付けてください。

他の学校ではこんなルールもあります。
・プリントをノートに貼り付けるのは認められません。全て手書きにしてください。
・漢字と計算は必ず1ページずつ。問題集のコピーは貼ってはいけません。

第一子の場合は真面目にやってみようとします。でも、その家庭学習、本当にその方法ででいいと思いますか？

家庭学習のやり方は、量・内容ともに先生によって違います。

このことを知らないお母さんたちが非常に多いです。学年が上がり担任が変わることや、下のお子さんが入学して他の先生のやり方を見て初めて「え？ こん

なに違うの？」と知ります。

「やり方をしっかり守ってください」という厳しい先生もいますし、「なんでもいいですよ」というアバウトな先生もいます。

同じ先生でも、あるお母さんは「この先生は子どものやりたいことを尊重してくれて家庭学習の決まりが少なくてすごくやりやすいです」と言いますが、「この先生は緩すぎて、うちの子は全然勉強しません。字も汚くてＯＫだなんて……もっと厳しくしてほしいと個人懇談で伝えたんです」というお母さんもいるのです。

だから、自分が望む、自分がやらせたい宿題を出してくれる先生に当たることは少ないと思った方がいいですね。

30分かかっても勉強が進まない我が子

「勉強しなさい」と言っても全く進まないのですが、うちの子は集中力がないのでしょうか？　という質問を多くいただきます。

これに関してもお母さん一人ひとりで全く違う基準があります。あるお母さんは「うちの子は30分もまともに座っていられない」という悩みを持っています。が……実はこの方のお子さんは年長さん。

「年長さん、6歳にとっての30分って、ものすごく長いですよ」という話をすると、目を丸くしてびっくりされたことがあります。

ただ「やりなさい」と言って、もくもくとやれる子というのは非常に少ないです。

「勉強道具を出すまでに30分かかる。もうイライラし通しです」

これも非常に多いご相談です。勉強を始めるまでが長い。効率が悪い。さっさと動かない。

「やりなさいよ」と言って離れて、「もうそろそろできたかな」と見に行くと、漢字を3つしか書いてなくて、卒倒する！　というお母さんの悲鳴のような相談です。

こんな場合、どうしたら良いのでしょうか。

まずはどんな状況で問題が起きているのかを観察してください。だいたいがお母さんはキッチンでご飯を作っていて、子どもは一人リビングで勉強をしている時に起きます。

みなさんは作業興奮というものを知っていますか？　作業興奮とは「感情があるから行動する」のではなく、「行動すると感情が生まれる」というものです。子どもは作業興奮が起きてくると自力で勉強します。ですから、勉強の最初の10分をお母さんが隣についてしっかりと見てあげることが大事です。エンジンがかかると、その後はお母さんが目を離しても最後までやりきることができます。

また集中できない原因は、気温や湿度ということもあります。子どもの年齢が小さければ小さいほど、「今日は暑かった」や「蒸し蒸ししてた」というだけで、その日の勉強のペースは一気に崩れます。いつもは集中できる子でも夕方には体力が消耗して崩れます。

「今日は集中できているな」「できていないな」は毎日の子どもの様子とスケ

ジュールを見て予想しておくといいです。

ノートの使い方がバラバラ。どうして1ページ目から使えないの？

これも、どうしてこんなことになるのだろうと首をかしげることが多い事例の一つです。

買ったばかりなのにもう書くスペースがないから新しいノートがほしいという子ども。お母さんが確認すると、文字の書いてあるページが2～3ページ抜けています。その後に文字が書いてあるページが来て、また2～3ページ抜けて、また書いてある……それではすぐに最後のページに来ちゃいますよね！

どうしてそんなことが起きるかというと、子どもには、とにかく目についたところに短絡的に書き込む癖があるからです。開いたところにまず書いてしまいます。

対策としては、自分の好きなキャラクターの付せんを貼っておいて、続きはそ

こからだよと教える方法があります。その付せんさえもはがれてしまう場合は、大きなしおりを使うといいです。ぜひ試してみてください。

また、ノートは順番に前から使っていかなければならないということを知らない子もいます。ぬりえは好きなページからやっていく子も多いですね。

子どもにとって最初はぬりえもノートも同じ冊子です。「ノートは前から順番に使いましょうね」と教えてあげましょう。

落ち着きがない我が子、ちょっと気がかり

小学1年生の1学期はまるで動物園

40分授業の中で、児童が筆箱を落とした回数は10回、鉛筆を落とした数はさらに上回ります。そして椅子から転げ落ちた子が3人。

小1の最初の参観日はこんな感じです。これは異常ではなく、よくある姿です。自分の子どもがしっかりと座っていられなくても、それほど心配することではありません。

ただ最近の風潮として、「我が子が集中できないのは発達障害なのではないか」と危惧し、支援級に行くほどでもないのに、支援級に行く子が驚くほど多いのです。

・小学校の勉強についていけるか心配。
・落ち着きがない。
・ついていけないと可哀想。

親がこんな主張や気がかりを口にすると、支援級での学習をすすめられることが多くなります。

私から見ると、「もっと学習できるのに」「字の書き始めは汚いのが当たり前。しっかり練習をさせたら問題ないのに」という子です。わがままで駄々をこねているだけで、支援級に行く必要がないのではと思う子がたくさんいます。

「本当に支援が必要な子」と「ただ駄々をこねているだけの子」の見分けは、簡単にはつかないのです。

支援級をすすめる側も、断言することは絶対に避けます。判断に誤りがあり、その子が成長する過程で「うちの子は適切な支援を受ける権利をあなたにはく奪された」というような問題になることもあるからです。

結果的に、お母さんは「個別に支援してくれるのであれば、我が子にはそれがいちばん合っているのではないかな」という気持ちと「通常級（普通級）に行かないとどうなるんだろう、不安だ」という気持ちで揺れ動きます。そして最終的には、親御さんに全ての判断が委ねられます。

私のもとには「就学前検診で発達の遅れを指摘されて、非常に落ち込んでしまいました」という親御さんからの相談が多数寄せられます。

そこで私は「できないところを、まずできるようにしていきましょう」と具体的な方法を指導します。

「今、平仮名が読めないのであれば、まずは読めるようにしてみましょう。こんな方法でやってみませんか？」と試してもらいます。

発達障害の子であっても、お母さんが根気強く教えることでどんどんできるようになることが本当に多いです。「発達障害かもと指摘された時、あのまま諦めていたら今の成果はないですよね。本当にやってよかった」という声を多数いただ

きます。

前述のように「ぱんだちゃんのおうち学校」では、入学時に支援級に行き、小2から通級（通常級に在籍しながら子どもの特性に合わせた個別の指導を受けるクラス）、小3からはほとんど通常級という子も増えています。

発達グレーでできないところが多いとしても私は全く気にする必要はないと考えます。発達障害の子は発達できないわけではありません。

「勘がよくない」「なかなか前に進まない」「すぐに忘れてしまう」「他の子どもと比べたらできるまでに時間がかかる」という子であっても、何度も試してみるとできるようになることが多いのです。その子の可能性はどこまでも広がっていきます。

だから、やっぱりお母さんは最高の家庭教師なのです。プロの家庭教師である私でも、お母さんには絶対にかないません。

前に書いたように、プロであっても私は授業をしている1～2時間しか生徒と一緒にいることができません。その時に解けない問題が出てきて、生徒が「わからない、やりたくない」と泣いたとしましょう。私はそこで「もっと考えなさい！この間はできたでしょう！」と問い詰めることはできません。

でも我が子なら、それができます。子どもが泣き叫んだとしても、そのあと寝食をともにすることで、関係が回復するからです。

抱きしめて「よくがんばったね。ママうれしかったよ」と言ってあげられるのも、お母さんだけです。

ご褒美はから揚げ！

「ここって、から揚げのおいしい塾ですよね？」と言われたことがあります。

我が子が生まれてからは、私の自宅に生徒を呼んで家庭教師をするというスタイルにしました。そのため、夕飯時に生徒が来ると家中においしそうな匂いが立ち込めています。

「ちょっと食べる?」と言うと、お腹のすいた生徒たちは我が家の夕飯のから揚げをおいしそうに食べるのです。

「次のテストが80点以上だったら、またから揚げ作ってあげるよ」と冗談で言ったことがきっかけで、ご褒美はから揚げになりました。

それが噂となって、「から揚げのおいしい塾」になったわけです。

から揚げがご褒美になってから生徒との距離は一気に縮まりました。不思議なものです。

「今日はがんばったから〇〇ちゃんの好きな料理にしたよ」という応援の仕方は、単純ですが子どもたちにはとてもうれしいものになります。

衣食住をともにするというのは、こういうことなのだということを、改めて感じた体験でした。

14 塾を選ぶ前に、考えて！

私の甥っ子の話をしましょう。中学一年生のKです。

私の指導も受けていますが、受験情報を収集する目的もあって、その地域の公立中学校では支持率ナンバーワンの塾に通っています。

彼の中一の一学期の中間考査は、全ての教科で93点以上でした。

何の問題もないように思えますね。

しかし、塾の問題集を開いてみて驚愕しました。4割しかやっていなかったのです。

誤解のないように言うと、そもそもどんな塾でも全ての問題を扱うわけではありません。ましてやKのクラスは特別進学クラスで、点数の高い子が集まっています。だから簡単な基本問題はできるという前提で進んでいるのです。

しかし、家庭教師目線で言うと、「これは絶対やっておくべきだな」という問題をやっていない、ここが問題なのです。しかもそれと同じ問題が中学校の定期テストには出題されていて、彼はその問題を落としていました。

私の家庭教師の時間にやるべき問題をチェックして、それを塾の宿題とは別に解かせることで解決しました。

もう一つの例を紹介しましょう。中学受験の進学塾に通うTちゃん。

この子も私の家庭教師を月1回コースで受けています。小6の夏から受け始めました。

彼女は中学受験専門の大手の進学塾に通っています。

こういった塾は、非常に難しいテキストを使用しています。中学受験の算数は、公立小学校で習う算数とは全く違います。解き方も考え方も、公立小学校では一切習わないことをやっていきます。

大手塾の小6の問題は難問ぞろい。十分な理解がないまま難問を解かされるので、模試の結果は散々たるものです。

考えてもわからないとなると、算数を暗記し始めます。しかし、算数を暗記しても点数にはなりません。

Tちゃんの第一志望の中学は基本問題が多く出題されます。Tちゃんには応用問題は必要ないのです。しかし、塾ではTちゃんには必要のない応用問題ばかりやらされます。

勉強をやればやるほど、偏差値は下がるという状況になっていました。

Tちゃんには、まず受験予定の中学の過去問と今やっている応用問題とを見比べてもらいました。

そうすると、過去問が「小5の時にやっていた基本問題と同じだ」と親子で気付きます。

塾から出される大量の応用問題の宿題はやらないことにして、基本問題をコツコツと夏休み中に解いてもらいました。すると、夏休み明けの模試で、偏差値42から58にアップ！　合格判定も出ました。

この二つの例を見てもわかるとおり、塾に行ったからといって自分の子どもにいちばん適切な指導を受けられるとは限らないのです。

成績が上がらない ⬇ 塾に通わせる ⬇ これで上がるだろう、安心。

こんな生徒は、私の経験では2割程度しかいません。

さらにその2割の生徒を細かく分析すると、本来「解いてほしい」基本的な問題を間違えている場合があります。この場合、ある程度のところで伸びしろを使い果たし、当の本人は一生懸命、塾に通っているのに、なかなか点数が上がらないという場合も非常に多いのです。ですから、私は「適切な指導」というのは、とても大切だなと考えています。

丸投げせずに見守ることが大事

「塾や家庭教師はプロだから、しっかり適切なところに導いてくれるだろう」こんな考えは、実は大間違い。

塾に行っていても、一週間に一度、必ず子どもの進捗状況を見てください。こ

れをやるだけで、塾での学びが全く変わってきます。

我が子の最高の家庭教師は、やっぱりお母さんなのです。


では、お母さんが「最高の家庭教師」でいるために、どんなことをすればいいでしょうか。


高学年や中学生で塾に通っていると、日常会話も少なくなります。

なので、塾の送り迎えの車中ではスマホを使わせないで、親子で話し合う時間にするといいですね。勉強のことを聞くと「また点数について叱られる」と反発する子も多いので、まずは日常会話から始めます。

「今日ラジオでこんな曲がかかっていたけど知ってる？　流行ってるの？」、「○○の漫画を買ってほしいって言っていたけれど、どんな内容？」など、その子が興味を持ちそうな話題を出してみることをおすすめします。

まずは、とにかく親子で話をすることが目的です。

日常会話がしっかりとできるようになったら、次は塾の話をしてみましょう。

「今どんなところをやっているの？」「何の教科が苦手なの？」といったことを聞いていってください。

「家庭教師」というのは単にテクニックを教えるだけではないのです。

心の支えになり、悩みをいつでも相談できるという状態にしておくこと。これが最高の家庭教師の条件です。

15 子どもの理解はあとからついてくる

小学生の勉強の進め方は、大きく分けて3タイプあります。

タイプ1　集中力があり、学校の授業だけで点数がとれる

このタイプは教科書を読み解いて、同じようにやれば解けるとわかっているので、家庭学習をしなくても１００点がとれます。

一度理解すると忘れないため、家庭学習をしなくても困ることはありません。

タイプ2　その単元は１００点をとるが次の単元に入るとすっかり忘れてしまう

このタイプは習ったばかりのところは良い点数だけれど、まとめのテストや学期末になると点数がとれないので復習が必要になってきます。でも親も子どもも「とれているから大丈夫」と思っているので、10歳まで放っておかれることが多いです。小4以上になると少しずつ点数が落ちてきます。

要領がいいので点数はとれるのですが、高学年になると通用しない場面が増えていきます。

タイプ3　学校で習ってもすぐに理解ができず、テストの点数も悪い

このタイプは宿題でも全問不正解ということもあり、親が「どうしよう」と焦ります。

テスト前に対策をしてギリギリ理解して、なんとか点数を確保するけれど、お母さんは心配ですね。

小2の時計を例に挙げて説明します。

ここでは、細かい時間が正しく読めることが前提で、その時間の15分後、30分前の時刻を答えさせる問題が出ます。

まず小1で時計が読めるようになっていなければなりません。時計は家でどれだけ意識させるかで読めるか読めないかが決まってきます。

年中さんで時計に触れ始め、そのあと2年間かけてこの「15分後、30分前」に進んでいくと、正しく理解できます。

でも小学校のカリキュラムは、小1で2週間ほど時計の読みを学んで、次に時計が出てくるのが、小2の2週間。

小2の問題は「午前10時半から午後3時までは何時間ですか」という正午をまたいだ計算の方法や、「遊園地に10時に着く予定で待ち合わせをしました。家から遊園地まで、バスだと40分、電車だと30分かかります」というような複雑な考え方をしていきます。これをたった2週間で終わらせるのです。とても過酷なカリキュラムになっています。

小1で時計が読めるようになった後も、家でお母さんが日々気を付けて「今、何時？」と聞いたり、「目的地に4時に着きたいけれど、何時に家を出たらいいかな？」と問いかけたりしていると、時間を忘れることは少ないです。

けれども家で適切な声かけをしていないと、細かい時間を読めるスキルを失い、時間が全くわからない状態で小2の「時間と時刻」に突入します。そうすると、最初から理解できません。こうなるほとんどの子どもがタイプ2かタイプ3です。タイプ2の場合は、終わった単元の復習をしっかりやりましょう。

理解しても、慣れないから点数につながらないという子もいるし、そもそも理解の段階であやしいという子もいます。

「時間と時刻」の単元でいえば、小1で細かい時間が読めるというのがクリアできていないと、小2の問題をやっても理解できません。

「理解する」「慣れる」「点数につながる」という流れがあってこそ、初めて100点がとれるのです。

特にタイプ3の子は学校の勉強だけでは足りないので、しっかりと予習をして取り組んでほしいと「ぱんだちゃんのおうち学校」では提唱しています。それは、まさに「子どもの記憶の定着」を実践していくためなのです。

子どもの記憶の定着には時間がかかる

お母さんが勉強を見るうえで、いちばんイライラするのは、「何度教えても全く理解していない！」ということではないでしょうか。

これを解決するコツがあります。

まず、イライラしながらでもいいので、しっかりと問題をやらせてみてください。

できなくてもいいです。とにかく説明してください。この段階では子どもは理解していなくても大丈夫です。同じやり方で同じ問題を何度もやらせてください。ただし、答えを暗記してしまうとダメなので、その場合は数字を変えてください。

後日、あんなにできなかった問題がスラスラ解けていることがあります。

「え?」と思うほどできなかったのに、急にスラスラと解き始めます。

こんなふうに一度ダメでも、時間をあけて再度試してみると、子どもは「スラスラできる」ということが、とても多いのです。

「理解はあとからついてくる」と私はいつも言っているのですが、理解してから解いていく大人のやり方と違って、慣れてから理解していく、子ども独特の思考があります。

ですから、その日にできなくても気にしないで。自分が教えてもわからなかったのに、お父さんや学校の先生が教えたらすんなり理解したということもありますね。「私の教え方がダメだったんだ」と落胆します。でも、あなたが教えたベースがあったからこそ、他の誰かが教えた時にすんなりと理解できるのです。

16 算数から知る、多様性を認める第一歩

小1で学習するくり上がり、くり下がりにさくらんぼ計算というのがあります。比較的最近取り入れられている計算の考え方で、親世代では習っていないやり方です。

くり上がりのたし算の時に、数字を分解していくのですが、数字の下に分解し

た数字を○の中に書くのでさくらんぼ計算といわれています。

さくらんぼ計算は何種類もあって、「この問題ではここを分解」「こっちの問題では別の数字で分解」と複雑なのです。

これを教えると、お母さんたちから「うちの子はそろばんを習っているのでこんなのやらなくてもできるんですが……」「どうしてこんな何種類もさくらんぼ計算があるのですか？　混乱するだけです」という質問をいただきます。

小学校の算数の教科書では、一つの問題に対していろんな考え方が紹介されていきます。数学的に見て一つの解答に対して多様な解き方を知ることが、これから高得点をとっていくために必要なので、その訓練のためにもいろんなさくらんぼ計算やいろんな解き方を知っておくことは、大切なことなのです。

さくらんぼ計算は、「この出題者はどんなふうに考えてどんなふうに答えてほしいのだろう」と推測しながら解いていきます。この視点から見ても、たくさんの解き方を知ることには、大きな意味があります。

さくらんぼ計算が苦手な子には「ねぇ、どうしてこの人（問題）は、こんなところでこの数を書いちゃったんだろうね」とか「ここところが一緒になってるっていうことは、この人はここに何を入れてほしいって言ってるのだろうね」と、解答へのプロセスを示していくと、子どもたちは面白いように問題を解き始めます。

グローバル社会の今、政治・経済・文化など、様々な側面において、従来の国家・地域の垣根を越え、地球規模で資本や情報のやり取りが行われる時代です。そこには自分が知らない方法が数多くあり、相手のやり方を探りながら、自分のカラーを出していく力が必要になります。

算数の計算問題で、たくさんの解き方を知ることは、ものごとの多様性を認めることの第一歩なのです。

17 塾と学校のバランスのこと

小学校の授業も、取りこぼさないで

塾といってもいろんな種類の塾がありますが、ここで取り上げるのは中学受験を目的とする大手の進学塾です。

中学受験の勉強というのは特殊で、特に算数は全く小学校では習わない技術を使います。例えば、方程式を使うと簡単に解ける問題を「方程式を使わずに」解くという、摩訶不思議な方法なのです。

そういう特殊で難易度の高い問題は解けるのに、小学校のテストで満点をとれない子がかなりいます。

なぜこういうことが起きるのでしょうか？

塾では必ず宿題が出るため、多少わからない状態でも家で復習をしながら理解しようとします。だから、「その時間内になんとか理解しよう」という癖がついていません。学校の授業内で勉強が完結しないのです。

限られた時間で特殊なテクニックを手に入れていくためには、少しでも時間を無駄にしたくないもの。だから小学校でも授業時間内でしっかりと理解して100点を目指しましょう。


また、100点を逃すことが多い子どもに、「どうしてとれないの？」と聞くと「先生の教え方が悪い」と言うのです。これも大問題。わからないところは自分で調べるという姿勢が大切です。

もし仮に、先生の教え方が悪かったとしても、教科書を読みながら授業中に一人で勉強することはいくらでもできます。

「先生の教え方が悪い」「100点とれないのは先生のせい」と受け身の勉強の仕方では、例え希望の中学に合格しても長い人生でいつか壁にぶちあたります。

まずは、取りこぼしがないよう気を付けて小学校の授業を受けてください。で

きることは時間内に終わらせてしまいましょう。
そして点数がとれないことを人のせいにしてはいけません。
小学校の勉強をおろそかにしないことが大事です。

学校で過ごす6時間を無駄にしない

小4で、算数のテストが50点という子がいます。
50点以下をとる子どももというのは、勉強がほとんどわかっていません。小3で50点だと、一問一問の配点が大きいので勘違いで低い点数ということもありますが、小4以上で50点以下の成績だと、この後、子どもだけの自助努力で学校の授業についていけるようになる子は、ほとんどいません。塾での一斉授業もあまり意味がありません。個別指導が必要になります。家庭教師をつけるかお母さんが勉強を見るしかありません。

「うちの子は勉強以外のことに秀でているから」と言う方もいます。でも「勉強

ができない」状態で日本の小学校に通うということは、学校にいる約6時間を無駄にしているということです。

もちろん、算数だけができなくて他の教科はできる子もいます。大人としては「算数がわからないけれど、他の教科はわかるだろう」と思います。

しかし子どもの特性として、「他の教科も算数と同じで、どうせ考えてもわからないだろう」と思い、算数以外の教科も真面目に聞かないことが多いのです。

勉強ができない理由は、先生との相性が悪いからということもあります。一人の先生がほとんどの教科を指導します。その先生と相性が悪いと、子どもは「勉強は好きでも、その先生が苦手なので勉強しない」となります。

そうなると、その子は小学校でずっと暇です。人生でいちばんの伸び所である小学生時代を、集中する癖をつけないまま無駄に過ごしてしまいます。

好きな教科は集中できている子も、この「集中をしない毎日」を過ごしていると、無気力で外の刺激に対して鈍感な子になっていきます。

外からの刺激に鈍感だと、どんどんと刺激の強いものを求め始めます。そこでオンラインゲームのような、集中できると錯覚するものに出合います。オンラインゲームには、自分をわかってくれる仲間がいるように感じます。

そうやって、ゲームにはまっていく子を何人も見ました。

小学校のテストが50点以下のお子さんには、「勉強ってやってみると楽しいよ」ということと、「得意科目は自分で勉強できるよ」ということを知ってもらう必要があります。私は、50点がとれないお子さんには、１００点ではなく70点を目指す勉強方法を提案しています。

点数がとれないのは、考える力が足りないというより処理スピードが遅いことが原因です。だから、計算問題などの基礎学力を重視して点数をとる方法を教えると、コツがわかり、「がんばれば結果が出る」ことを、身を持って体験できます。

18 習い事の選び方・付き合い方

小学校時代は勉強系一つ、スポーツ系一つ

習い事に関する相談も、本当に多いです。

1週間に9つの習い事をしているという子や、中学校の部活のように毎日スポーツをし、土日はほぼ試合という子もいます。

我が子も一度ピアノコンクールに出たことがあります。コンクールの入賞というわかりやすい目標があると、結果を求めてのめりこんでしまいます。5歳の娘に1日2時間、同じフレーズを200回連続で弾かせたこともありました。

少年野球のチームに入っている男の子で、お父さんも球児だった場合は、親子

でどんどんのめりこみます。地方の場合は親が指導者ということも多いため、親子でそればかりに集中するのです。

それはそれでいいのですが、ここで一つ耳が痛い話をしなければなりません。スポーツや習い事で培った諦めない心や努力する姿勢は、勉強とは全く無関係です。野球やサッカー、ピアノやバレエに一生懸命打ち込んだ子どもが、その習い事をやめた時、勉強にも同じように打ち込めるかというと、そうとは限らないのです。中には習い事に打ち込んだように、勉強の中に面白さを見つける子もいますが、稀です。

そして、同じ習い事を長くやっている子どもの中には、「実は惰性でやっていた」という子も多いものです。前述のような、お父さんやお母さんがのめりこんでいる場合は、「やめたい」とはなかなか言えません。

「サッカーをやめると言ったらお母さんが泣いちゃったことがあって、別に他にやりたいこともないからやっていたけど、高校に入ったら他のことをやってみたい」と漏らす子どもの多いこと、多いこと。

だから習い事にのめりこんでいるように見える場合も、本当にその子がやりたいと思っているのか、しっかりと見極めることが大切です。

我が家では毎年「習い事に関しての話し合い」をしています。これからも続けたいか？　練習をあまりしていない場合は、今年の目標をその時に話し合います。

子どもがやりたいと言うから習い事を始める

「子どもが何かをやりたい」と言うと、親としてはその願いをなるべく叶えたいと思うものですね。

子どもが習い事を始めたいと言い出す時ってどういう時ですか？「たまたまテレビで見た」「友達がやっていてうらやましい」。そういうきっかけで始めることがとても多いです。

そして、子どもと一緒に見学に行くと、習い事の先生は勧誘のプロです。子どもは「絶対にこの習い事をやってみたい！」という気持ちになります。

けれども、習い事を始める時は、3か月ほど様子を見るのがいいでしょう。

「これができるならその習い事をさせてあげるよ」という約束を決めるのもいいですね。

3か月間毎日、「あの習い事をしたい」と言い続けて、お母さんと決めた約束を守れるようであれば、もう一度その習い事を続けられるかどうかの話し合いをしてみるといいと思います。

習い事に通わせていないお母さんから、「どんな習い事がいいでしょうか」と聞かれることもあります。

私は、勉強系一つ、スポーツ系一つをすすめています。

勉強系というのは、英会話やピアノ、そろばん、習字など「座って何かをする」ものです。

英会話についてはたくさんの選択肢がありますが、英会話をしていたからといって英語で点数がとれるようになるわけではありません。中学校の英語は特殊で、帰国子女でも満点はとれないと言われる問題が出るので、習い事の英会話はコミュニケーションの練習と位置付けると、過度な期待をせず、楽しめると思います。

座って何かをするということは集中力が高まるので、積極的にすすめています。

スポーツ系は、体を動かすこと。

学力ももちろんですが、勉強や受験で最後の最後に決め手になるのは体力です。幼少期、小学校時代の体力は一生ものです。

「野球をやっていました」「サッカーを続けていました」と言っても、同じように集中して勉強に向かえるわけではありませんが、この時に身に付いた体力は後々生きてきます。座ってやる勉強系だけだと、ここぞという時に踏ん張りがききません。

団体スポーツが苦手な子どもには、水泳や体操など個人種目がおすすめです。

19 勉強に「ていねい」に向き合う

きれいな字を書けるのは大切なこと

「字をきれいに書いた方がいいのか」という質問も大変多いです。「お母さんに時間があれば、字のバランスをとれるようにしっかりと指導してください」とお伝えしています。

まず、字をバランスよく整えて書けるというのは、細部まで気を配る子になります。字がきれいな子は忘れ物が少ない傾向にあります。図工などの作品もていねいに作る子が多いです。中学校に入ると内申点として高校入試にも影響していきます。

細かいところに気付き、ていねいに仕上げる姿勢を養うためにも、きれいな字を書くことはとても大切です。

凡ミスには理由がある

「うちの子は凡ミスばかりで……本当はわかっているのに、もったいない」という言葉をよく聞きます。

基本はわかっているから、「最後に計算ミスをしなければ……」「単位を付け忘れて……」ということです。

しかし、本人が注意をすれば簡単に凡ミスがなくなると思うのは大間違いです。この「凡ミスをなくす」ということが、本当に難しいからです。

お母さんたちからみると、ごく単純なたし算やかけ算のミスだったりするのですが、じっくり見ていると傾向が見えてくることがあります。

「わり算の筆算の計算ミスが多くて……」という場合。

もしかしたら、この子は「七の段」が言えないのではと思い、試してみると、やはり七の段があやふやだということがわかりました。

小5なので「まさか九九があやしい」だなんて、もちろんお母さんも気付いていないし、本人も言うに言えません。

この子は7×3＝21が、24になることが多く、そのためにミスを多発していました。

テストで名前を書く前に、「7×3＝21」と目立つところに書くことによって計算ミスが劇的に減りました。このように、ミスをするのには、なにか原因があるということです。

文章題の場合は凡ミスではなく、根本的にわかってないことが多いです。

算数というのは「どれだけ想像することができるか」がとても大事な教科です。

「あわせて」と書いてあったらたし算、「のこり」と書いてあったらひき算をしなさいと教える先生もいるくらいです。こんなふうに文章題を暗記にしてしまうと、小4になり、「たす・ひく・かける・わる」の四則がそろうと一気に文章問題が解けなくなります。

「この子、たし算なのにひき算をしちゃって、凡ミスなんですよ。全部それでミスしたんです」

こういうお母さんがいたのですが、これは凡ミスではなく、文章を読みとる力、すなわち想像する力がついてなかったというケースです。

このように凡ミスのパターンは、一つではありません。

算数以外にも、どうしてこんな考え方をしたの？　と探るとたくさんの理由がみつかります。

対処法を一緒に考える

テストは点数をとることが大事です。

でもテストは「自分がわかっていないところを見つけるチャンス」だと考える

と、100点ではない点数にも、大きな可能性が見えてきます。間違えたところをしっかりとやり直せば、弱点がなくなっていきます。

ただ、それを一人でさせないことが大切です。

小学生は未熟です。自分ができなかったことを、一人で果敢にチャレンジする子はほとんどいません。一緒に解き直すことや、類題を解くことを一緒にやってみてほしいのです。

「子どもがやりたくない」ことを一緒にやってみてください。わからないところを共有すると、子どもは安心して勉強に取り組んでいきます。

全ては教科書に書いてある

「高学年になると難しくなり、教えてあげられなくて……」という相談を受けます。割合や速さ、単位当たり量など高学年の問題は難しいですね。教え方次第で

子どもが混乱して解けなくなることもあります。

でも、実は問題の解き方は全て教科書に書いてあるので、教科書をよく読むと解けるようになります。応用問題はカバーできていないこともありますが、たいていの基本問題は、教科書と同じ方法で進むと解けます。

じゃあ、子どもに「教科書を読みなさい」と言ったら、子どもはその言葉に従って教科書を読むでしょうか。

今あなたも、「えー、教科書読まないとだめなんだ……気が重いな」と思ったでしょう（笑）。同じように、子どもも「やだな、面倒だな」と思うのです。

だからこそ、一緒に教科書を読んでみてほしいと思います。

隣に座って一緒にわからないことを楽しもう

お母さんとしては、子どもに「お母さんもよくわからない」というのは、なるべく言いたくないですよね。でも「わからない」と言ってもかまいません。

お母さんは万能ではないことを伝えましょう。

こんなことを想像してみてください。

あなたは今アラビア語圏に急に行くことになりました。日本語はおろか英語も通じません。空港に降り立ち、ある場所へ行かなければいけません。

そんな状況下、あなた一人で対処するのと、同じくアラビア語ができない友人と一緒に対処するのでは、どちらが安心ですか？


一人でも二人でも、やれることは一緒です。どうせ話せません。

でも一人でやるのと、二人で「あーでもない、こーでもない」と言いながらやるのとでは、全く安心感が違います。

だからもし、一緒に勉強して「あー、やっぱりわからない」ということになったとしても、それはそれでＯＫなのです。

「こんな難しいことを勉強してるんだね」

「ここがわからないから、明日先生に聞いてみてくれる？」

「ここ、パパが帰ってきたらママも習っておくね」

そういう案を出しながら、迷いながらも一緒に問題解決に向けて進んでくださ い。一人でやるより二人の方が楽しいし、心強いのです。

20 何もしてこなかった。今からやっても無駄ですか？

心の寄り添い方に「遅い」はない

「10歳まで」「10歳以上」という分け方で子どもとの関わり方や、成長の見守り方を書いてきました。

10歳までにやるべきことをやっておくと、それ以降が楽になるというのは事実

です。

10歳以上の子どもを持つお母さんから「今から、やっても無駄なのでしょうか」という質問を受けることがあります。

はっきり言えるのは「遅いということはない」です。心の寄り添い方に「遅い」はありません。勉強を通じての関わりが終わっても、親子関係は続きます。

ご自身のお母さんからの厳しい勉強の指導が嫌だったと言うお母さんから、子どもさんの勉強について相談を受けました。

その方のお母さんは既に亡くなっています。

でも私が、「それは今あなたがお子さんに対して『こんなふうになってほしい』という期待と同じですね。愛しているからこそ期待するのですよ。お母さんの指導はあなたの中にしっかりと根付いていますね」と伝えると、「私の母も愛情深い人だったのですね。あの厳しい指導は愛情の現れだったのですね」と涙ぐまれました。

親子の心の絆は、一生続きます。

どちらかが亡くなったとしても続いていくのです。

子どもの人生の中で「子どもの勉強や成績」がお母さんの肩にかかってくるのは、ほんの一時期です。だからこそ今、その一時期をなんとか乗り切ってほしいと考えます。

私も仕事をしています。仕事に追われると自分の子どものことが目に入らなくなって没頭してしまいます。

手を止めると振り出しに戻りそうなややこしい仕事をしている時に限って、「おかあさーん」と呼ばれるのですよね。そんな時私は迷わず、手を止めることにしています。

いつでも受け入れてもらえると感じさせることで、子どもの承認欲求は満たされます。

承認欲求とは、「他者から認められたい、自分を価値ある存在として認めたい」という欲求であり、「尊敬・自尊の欲求」とも呼ばれています。

でもそこで、「いつでもウェルカムだよ」なんて態度はとりません。

「今お母さんはものすごく面倒なことをやっているけれど、それでもお母さんは手を止めますよ。ハイ、なんですか?」と聞きます。

そうすると子どもたちに緊張感が生まれます。子どもたちには、「仕事はとても大事なものだ」ということを教えてありますので、その手を止めて、あなたに関心があるよということをしっかりと見せます。

そして「そのくらいあなたのことが大切なんだよ」と伝えています。これには賛否両論あると思いますし、それぞれの家族の形態があって当然だと思います。

でも、いつでもあなたに関心があるのよとアピールすることは、とても大切なことだと思っています。

コントロールすることと、支配することは違う

小学生の場合は、勉強の量ややり方、進学先に至るまで、親がコントロールしなければなりません。

私はそのコントロールは必要なものだと思っています。でも支配してはいけません。支配するということは、相手の気持ちを無視して押し付けることです。

10歳まではコントロールと支配の違いは、それほどありません。

でも10歳以降、なんでも「はい」と聞いていた子どもでも自分の主張をするようになります。そうなったら、まず子どもの意見を聞き、そしてお母さん自身の意見を言います。そうやって対話をしながら目標を定めていけばいいのです。勉強の量ややり方を対話しながら決めていくのです。

「こんなにたくさんできないよ」と言う子どもには「じゃあ、どのくらいならできる？」と、聞いて量を調整しましょう。

「もっと遊びたい」と言う子どもには「どうして勉強する時間が必要なのか」を話し、お互いに歩み寄りながら決めていきましょう。

その対話の仕方も、大人になるうえで非常に重要なスキルになってきます。

10歳以降はコントロールしてもいいけれど、支配してはいけません。

お互いが自分の意見をしっかり言えて、納得できる方法を見つけていきましょう。

やる気スイッチより地道な努力を

自分が親から押し付けられて勉強が嫌いになったと言うお母さんもいますね。「こうやって自分が勉強を子どもにやらせて、この子が勉強嫌いになったらどうしよう。私のことも嫌いになったらどうしよう」と心配になるのですよね。よくわかります。

世の中には、「やる気スイッチ」という言葉があり、「勉強を好きになったら、どんどん勝手に伸びていく」というような成功例もたくさんあるといわれていますが、家庭教師を28年やっていても、そういう瞬間に立ち会ったことは一度もありません。苦笑しちゃうくらいありません。ゲームやテレビより勉強が好きだという子に出会ったことも一度もありません。

だからこそ、地道にやっていくしかないのです。どうしてあなたにこんなふうになってほしいと願っているのかということを、とにかく何度も話してほしいの

です。

「我が子にどうやって勉強の大切さを伝えようか」と考えていくと、「自分の母親からどうやって伝えてもらったか」を思い返すことになります。

私の場合、今の自分があるのは両親の影響がいちばん大きく、勉強は嫌だったけれどやり続けてよかったと思っています。

でも「どうして勉強が必要なのか、もっと理由を伝えてくれたらがんばれたのに」って思うことも、たくさんあります。

目的があると行動しやすいですね。

昭和時代の親子関係は支配的なことが多かったように思います。お互いの意見を交わす「対話」ではなく、親から一方的に押し付けられる「支配」でした。

でも「勉強はした方がいい」という事実は変わりません。

どうしてやるのか。

それをやるとお母さんはどう感じるのか。
あなたはそれを聞いてどう感じるのか。
一つ一つ自分の親子だけの正解を見つけていきましょう。

子どもが出会う最初の「他人」はお母さんであるあなた

子どもが成長するにつれて交流範囲が広くなり、たくさんの人と出会います。
一人の人間が出来上がるまでに、たくさんの人が関わっていきます。

でも最初の他人は、お母さん、あなたなのです。
そして思春期を迎えても、いちばんそばにいる存在はお母さんです。

お母さんと子どもの会話がコミュニケーションの原点であることを考えた時、昔に比べて今はずいぶんと少なくなったなという印象を持ちます。
気持ちは言わないと伝わりません。

「あなたの気持ちも聞くから、私の気持ちも聞いて」というコミュニケーションの練習を、親子でしていきましょう。

21

子育てに正解は必ずある

あなたと子どもだけの正解を見つける。それが「子育て」

いろいろな子育ての本があり、そこには「子育てに正解はない」と書かれていますが、「正解がない」というのは、うまい逃げ方だなと思います。

私は必ず正解があると思っています。

実際に子育てをしたり家庭教師をしたりしているとだいたいのパターンはつか

めますが、その正解は無数にあります。

ないのは、全ての子どもに共通する一般的な正解です。

あなたと子どもだけの正解を見つけていく必要があります。

10歳まではお母さんの基本方針が子育ての正解になります。しっかりと伝えることが大事です。そして10歳以上は、子どもと会話し、話し合いながら正解を探していきます。

軌道修正はその都度する

一度目標を定めると、軌道修正はあまりしたくないものですね。

「やってみたら子どもがつらそうだけれど、目標を立てたからには達成させたい」「期間が足りないけれど、無理をすればできるのでは」と思い、子どもの気持ちよりも目標の達成を優先させてしまい、できていないことを責めることが多くなります。

子どもに検定を受けさせたいと思って勉強をやり始めたものの、思ったより進

みが遅いことにイライラしてしまうことはありませんか？
3か月後に受けようと目標を立てたものの、一生懸命やっているのに勉強が追いついていない時に子どもの出来を責めたりしてはいけないのです。
検定の場合は「挑戦する」ことに意味を見出してほしいものです。

またもっと大きな目標に中学受験や高校受験があります。中学受験を志したものの、子どもの特性に合わずにやめることになったり、高校受験で志望校のランクを下げたりするのはとても苦しいことです。

また、希望の学校に入れなかったことで軌道修正も起こりますよね。

「達成できないなら、こんな高い目標を立てなければよかった」ではなく、いつでもまたやり直せる、高い目標を立てても「難しいな」と思ったらお母さんと一緒にやり直せると思えることが大事です。

子ども「高い目標を立てたら追い込まれてしまう」と感じていると、低い目標を設定して無理をしない子になってしまいます。がんばっても無理であれば、その時の状況に応じた軌道修正ができることを知ると、いろんなことに挑戦しやすくなります。

子どもは成長する。毎年対応を変えよう。

一度目標を立てると、翌年も同じように立てたくなりますが、同じことを毎年できるわけではありません。

なぜなら、子どもはどんどん成長していくからです。

少しずつできることが増え、少しずつ受け答えができるようになるのと同じく、反論もするようになります。だから同じ目標を立てたとしても、そのやり方は毎年少しずつ変えていく必要があります。

わかりやすい例でいうと、読書感想文を書くという夏休みの目標を立てたとしても、小1の時はお母さんと一緒に書きますが、小6になると、自分の言葉で書かなければなりません。

同じ目標でも、子どものできることが増えていくので、お母さんのサポートを加減していきましょう。

これにも、もちろん個人差があります。同じ学年の子ができていることが、自分の子ができないと心配になるし、イライラもします。

「どうしてうちの子はできないのだろう」と思ってしまいますよね。

「他人の子と比べてはいけません」「お子さんのいいところを認めましょう」など、他人と比べることを良しとしない子育て論がいっぱいあり、そのことがさらにお母さん自身を追い詰めます。

私は、他人の子どもと比べてもいいと思っています。

他人の子どもと自分の子どもの出来を比べて悲観するだけではなく、その後を考えます。

「じゃあ、うちの子がわかるようになるにはどうしたらいいだろう」というところを考えていきましょう。

説明をもっとかみ砕く、手順を決めてから挑戦するなど、できないことをでき

るようにしていく作業を楽しんでほしいと思っています。

下手でもいいから一生懸命やっている姿を見せて

「間違って勉強を教えてしまうのがとても心配です」という悩みは誰しもあります。

子どもから「お母さんのやり方はわかりづらい。学校と違う」と責められると、子どもを混乱させてしまって勉強嫌いにさせてしまうのではないかと教えるのが怖くなります。

その時に、あなたはその問題を教えるために、教科書を読み込み、こうやったらできるんじゃないかと調べるでしょう。そのことをしっかりとお子さんに見せてください。そして「お母さんも調べてみたよ。一緒にやってみよう」と誘うのです。

プロの家庭教師はもちろん教えるのは上手です。でもお母さんが自分のために一生懸命教えようとして教科書を調べたりネットを検索したり、辞書を引く姿っ

てダメだと思いますか？

もしあなたのお子さんが絵を描くとします。下手なのです。でも描こうとして幼いながらも工夫を繰り返している様子はダメなことですか？

一生懸命やる姿や情熱は必ずお子さんに伝わります。

「お母さん教えるのは下手だけれど、がんばって教えるから一緒に勉強しよう！」

こうやって困難な課題に立ち向かうことを教えてくれる人は、お母さん以外にいません。上手じゃなくてもいいのです。一生懸命やる姿をお子さんに見せてください。

一度やってダメでも、やり直してみて

子どもには「一度やってダメだったら、できるようになるまで挑戦してほしい」と願いますね。

では、お母さん自身は、どうでしょうか？

「私、算数は昔から苦手で、教える自信がありません」と言っていたお母さんがいました。そのお母さんは子どもに算数を教えているうちに、どんどん勉強がわかるようになっていきました。

「昔ダメでも、今やると面白いですね！」とキラキラした目で、私に毎回報告してくれました。

お母さんが楽しむと、子どもも必ず感化されていきます。

一度やってダメでも、できるようになるまで挑戦する姿は、子どもに大きな影響を与えます。

算数が苦手だった生徒は、その後どんどん自分で勉強するようになっていきました。高校は理数科を選び、そして今は医学部に通っています。

お母さん自身の行動で、「諦めない姿勢」や「転んでも起き上がる気持ち」を教えてあげてください。

失敗してもいい！

私は子どものころ、「先生は正しい、失敗をしない」と思っていました。

でも家庭教師になってからは、生徒たちに失敗した自分の姿をたくさん見せてきました。

「この間、こうやって教えたけれど、こっちの方がわかりやすいと思うから、もう1回教えるね」

「（丸付けをしながら）あ、ここ計算ミスした。もう1回やらせて」と。

そう言うと「へー、先生でも間違えるんだ。じゃあ俺が間違えても当然だよね！」と返されることもあります。

たくさんの失敗や間違い、挫折があるのが人生です。

お母さんが教え方をちょっと間違えるくらい、たいしたことはないのです。

そして、我が子に勉強させることに疲れたら、たまには休んでください。

休み方を見せることができるのもお母さんしかいません。

休んだあとにまた立ち上がる姿を、勉強を通じてお子さんに見せてあげるのも、親の立派な役割だと思います。

幸せな勉強と幸せな受験

勉強をしている途中は苦しいことやバトルだらけです。自分のしたいことを諦めることもあります。仕事や家事で追い込まれて髪を振り乱しながら子どもの勉強を見ているのに、「そんなにやる必要がない」と家族に言われることもあります。

一生懸命やればやるほど空回りのように感じます。


そうやって目指すのは、幸せな勉強です。

そして多くの子が経験する受験。

一緒に頑張ってください。

これを乗り越えた先には、何にも代えがたい親子の絆が生まれます。

勉強は子どもとの最高のコミュニケーションです。

あとがき

がんばったことが認められる社会へ

ここまで、勉強に自己肯定感は必要ないということ、10歳までは、勉強させる理由が「ママのために」「ママが喜ぶから」だけで十分なこと、子どもとの会話は「貯金」、かわした会話の数だけ子どもの中に蓄積され、生きる力の源になることを書いてきました。

長い家庭教師生活の中で、多くのお母さんが、自分が勉強を強要したことで子どもがダメになるのではないかと悩んでいることを知りました。

いろんなスポーツでがんばって、その結果成果が出なくても、たくさんの人が共感してくれます。でも勉強に関することでは、「うちの子、小学校に上がる前に、九九が言えるようになったの！」とママ友に言うと、自慢していると陰口をたたかれるという話を聞きます。

「私、こんなことを知ってるよ」と純粋に自慢する子どもにさえ、「あの子はできることを鼻にかけている」と学校で陰口を言われると、気を病んでいるお母さんもいました。

勉強をすることは、隠さないといけないようなことではありません。がんばることは素晴らしいことです。私は、がんばっているのにそんなネガティブな思いをするのは間違っていると思います。がんばったことを、「がんばったよ！」と言える社会にしていかないと、誰もがんばらなくなってしまいます。

「受験」は楽しいことを我慢して、たくさんのものを犠牲にしながら、一生懸命挑戦しているにもかかわらず、「お受験」と揶揄されます。

勉強や受験で人生は変わります。

勉強には必ず評価がつきます。

受験には合格と不合格しかありません。

点数という非情なもので、天国と地獄が分けられてしまいます。

でも、実際は、それだけではありません。合格、不合格に関わらず、子どもの人生は、受験に挑戦することで大きく変わるのです。


「勉強ができたところで、仕事ができるわけじゃない」それなら、「野球ができたところで、仕事ができるわけじゃない」、「ピアノが弾けたところで、仕事ができるわけじゃない」同じです。

もしあなたや、あなたの子どもが誰かにそう言われたとしても気にしないでください。


周りの子が遊んでいる時に一生懸命勉強をしたり、テレビでバラエティ番組が流れているリビングで一生懸命問題を解いたり、友達がゲームの話をしている時に気付かないふりをしてなにか一つ暗記をした子どもを褒めてください。

やりたいことがいっぱいあったけれど、
一つ一つ、自分の中で諦め、
一つ一つ、それが合格に繋がると信じ、
一つ一つ、乗り越えてきたこと。
結果が合格だろうと不合格だろうと、何一つ、価値は変わりません。
勉強に真剣に取り組んだことは、自分の人生に大きな勝利をもたらしているのです。

お母さんは、受験が終わったら、合格でも不合格でも、必ずお祝いをしてください。

プロの家庭教師で勉強を教える立場の私が言うべき言葉ではないですが、受験なんて長い人生の中でたいしたことではありません。重要なのは、合格、不合格のあと、その子がどう生きていくのかということです。不合格だからといって、不幸な人生だということは決してないのです。

だから、挑戦したことを、お祝いしてください。

挑戦した我が子を信じて誇りに思ってください。

そして、勝っても負けても次の勝負に備えて準備をしてください。

その繰り返しが大人への階段を上ることだと思います。


子育てでは、子どもをコントロールはしても、支配はしてはいけません。

10歳以降は押し付けるのではなく、お互いに意見を交わして共有することの大切さを教えていきましょう。これは子どもにとって、最高のコミュニケーションの学習になり、社会に出てからも役立ちます。

お母さんとの関わり一つ一つがお子さんの人格形成の大切な材料になり、その親子関係は一生続きます。


本書を手にとってくださった方の中には、「子育てが辛い」「勉強したくないと言う子どもとバトルするのに疲れた」という方もたくさんいるでしょう。

受験や勉強というのは、辛く厳しいものでもあります。

でも、私がみなさんに提唱するのは、「幸せな受験」「幸せな勉強」です。

子育てに悩みがあって当然です。苦しくても、失敗してもいい。大切なのは、「幸せになること」。

親子で同じ山を目指し、途中で落ち込んだり、ケンカをしたり、それでも力を合わせて山を登りきるのは、素晴らしい経験になります。

子どもの可能性を広げられるのはお母さんです。自信を持って子どもに向き合ってほしいと思います。

私はこれからも子どもたちが自分の足で人生を歩めるように、子どもたちの明るい未来のために、家庭学習を応援していきます。

最後になりましたが、本書の執筆にあたり、きっかけをくださった株式会社ディーラリエの岩見尚見さん、全面的にバックアップしてくれた双子の妹のよしだゆかりに心より感謝いたします。

2021年2月吉日

ぱんだちゃんのおうち学校　校長　本多ゆきえ

本多 ゆきえ（ゆきりん校長）

ぱんだちゃんのおうち学校　校長 北海道在住。北見工業大学工学部土木開発工学科卒業。家庭教師歴28年。3歳から大学受験まで、算国英理社と全科目を担当。家庭教師の経験から成績を上げるにはお母さんの力が欠かせないと気付き、2016年からママ向け講演活動を開始。2018年SNSを使った家庭学習支援「ぱんだちゃんのおうち学校」を設立。全国に広がる会員親子をサポート、受験の神様として絶大な信頼を獲得している。

ぱんだちゃんのおうち学校：https://panda-school.jp/

勉強に自己肯定感は必要ない

成績がぐんぐんあがる

お母さんのための子どもとのかかわり方アドバイス

2021年3月22日　初版第一刷発行

著　者　本多ゆきえ

発行者　内山正之

発行所　株式会社西日本出版社

http://www.jimotonohon.com/
〒564-0044
大阪府吹田市南金田1-8-25-402
【営業・受注センター】
〒564-0044
大阪府吹田市南金田1-11-11-202
TEL.06-6338-3078　FAX.06-6310-7057
郵便振替口座番号　00980-4-181121

編　集　株式会社ウエストプラン
編集協力　よしだゆかり（ぱんだちゃんのおうち学校）
デザイン　中島佳那子（鷺草デザイン事務所）
印刷・製本　株式会社光邦

ISBN978-4-908443-61-9